社会长期护理保险：
可持续性与可及性

SHEHUI CHANGQI HULI BAOXIAN KECHIXUXING YU KEJIXING

和 红◎著

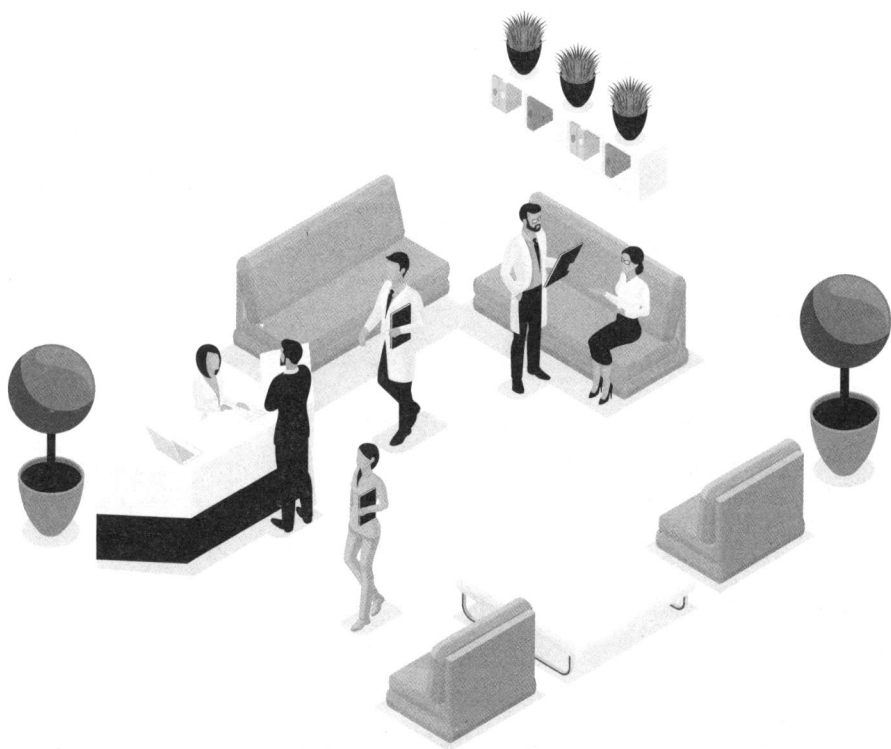

Wuhan University Press
武汉大学出版社

图书在版编目（ＣＩＰ）数据

社会长期护理保险：可持续性与可及性 / 和红著 . ―― 武汉：武汉大学出版社，2022.7（2024.4重印）

ISBN 978-7-307-23080-4

Ⅰ . 社… Ⅱ . 和… Ⅲ . 护理—保险制度—研究—中国 Ⅳ . F842.625

中国版本图书馆 CIP 数据核字（2022）第 081980 号

责任编辑：周媛媛　　　　责任校对：孟令玲　　　　版式设计：杨　林

出版发行：**武汉大学出版社**　　（430072　武昌　珞珈山）

（电子邮箱：cbs22@whu.edu.cn　网址：www.wdp.com.cn）

印刷：廊坊市海涛印刷有限公司

开本：710×1000　1/16　　印张：15　　字数：206 千字

版次：2022 年 7 月第 1 版　2024 年 4 月第 2 次印刷

ISBN 978-7-307-23080-4　　定价：75.00 元

目 录

CONTENTS

上篇 ▶

问题的提出

第一章　长期护理保险的研究起源

第一节　长期护理保险的研究背景

　　长期照护在传统上被视为家庭责任，一旦照护需要发生，个人或家属将需要承担照护服务与所需费用。虽然长期照护风险发生率低，但会持续至生命终结，对个人及家庭都会带来重大的身心及财务压力。在社会结构变迁、家庭形式改变、子女数下降、女性就业率不断提升等多重经济和社会因素的影响下，家庭照护功能日渐弱化，迫使照护需求者需向市场购买照护服务，高额的正式化照护服务费用无论对于低收入人群还是高收入人群，都会是比较大的负担。

　　1994 年，德国立法通过《长期护理保险法案》，并于 1995 年正式实施社会长期照护保险制度，自此德国成为各国学习和效仿的对象。德国实施的背景是人口快速老龄化，以及老龄人口照护需求大、费用高造成的个人与国家财政负担沉重。2013 年，德国的老年扶养比已高达 3 : 1，即平均每 3 位 15 ～ 64 岁的青、壮年人口需要抚养 1 位 65 岁以上的老年人。2000 年 4 月，日本正式实施介护保险制度。韩国参考德国和日本的相关经验后，于 2008 年开始实施全民长期护理保险制度。

把长期照护纳入社会保障体系，建立社会长期护理保险制度，已成为全球多数国家的共同选择和发展趋势。社会长期护理保险是一种基于保险理念与社会政策的制度安排，其目标在于满足照护者的基本需求，财务上由国家、单位与个人共同分担。在社会保险制度的覆盖下，照护需求者的财务负担明显低于商业性的长期护理保险。

我国人口老龄化正处于加速阶段且呈现高龄化的趋势，特别是在社会结构变迁、家庭功能改变引致家庭照护功能日渐式微的情况下，老年及其他年龄组失能人口的照护需求性风险的满足已无法完全由家庭担负，亟须在统筹国家社会资源的基础上建构稳定且可持续的长期护理保险制度，以降低照护需求者个人或家庭的经济成本和社会成本。2016 年 6 月，我国开展了长期护理保险制度试点，长期护理保险制度正式提上国家的政策议程。2020 年 9 月，经国务院同意，国家医保局会同财政部印发《关于扩大长期护理保险制度试点的指导意见》，将新增的 14 个省份的相关市区纳入试点城市名单，至此长期护理保险制度试点的省份已达到 28 个。目前，国家仅在政策上引导地区实践，并未从顶层制度设计上对长期护理保险的保障范围、受益条件、筹资模式和待遇给付标准等做出明确的规定，造成制度供给形式和内容缺乏统一的根据。对我国而言，长期护理保险制度是一个新鲜事物，如果不了解公众个体对长期护理保险以及护理服务的需求，并在此基础上进行可持续性的财务和可及性的服务制度设计，那么将会导致政策设计出现偏差。

第二节 长期护理保险财务可持续性问题的提出

一、长期护理的资金困境

美国医疗保险协会（Health Insurance Association of America，简称 HIAA）认为，长期照护是"在相当稳定的一段时间内，为功能性损伤（身体状况是伤残状态）或患有慢性疾病（如常见的阿尔茨海默病）的老年人所提供的包含居家、社会、医疗、交通运送及其他一系列服务"。从定义来看，长期照护服务是为了保障那些生活不能完全自理的人可根据自身条件尽最大可能选择最高生活质量、掌握优先选择权，以及在最大程度上使其享有独立、充实、可自主实现的个人价值和人格尊严，还包括对失能和失智人员进行专业医疗护理以及提供日常生活支持性服务的一系列活动系统。

即使在社会保障完善的发达国家，长期护理服务的短缺仍是致使老年人产生"老无所依"焦虑的主要元凶。大多数国家没有采取老人的长期护理需求产生前的预防措施，事前融资机制发展也有限，但与之相反，长期护理的事后融资机制仍在不断发展，其资金主要来自公共部门（以补贴或税收减免为主要形式）和家庭（即代际转移）。虽然事前和事后两种融资机制存在缺陷，都会导致公共政策陷入困境，但是各国政府以不同的方式面对这些困境，其长期护理服务的融资和供给也因此存在很大的异质性。

人口老龄化必然会引致人们对长期护理需求的增加。一般来讲，长期护理需求扩张是以渐进的方式进行的，但用于长期护理服务需求的支出上升速度有时甚至超过一般医疗保健的增长速度。2008 年，经济合作与发展组织

（Organization for Economic Co-operation and Development，英文缩写 OECD，以下简称"经合组织"）成员国在长期护理上的投入费用平均占到经合组织国家 GDP 的 1.5%，按现有的发展趋势持续下去，预计到 2050 年，这一比例至少能翻一番[1]。长期护理费用高速增长的原因仅仅用人口老龄化来解释显然是不够的，家庭结构的变化和更多的女性参与劳动力市场而导致的非正式照护供应的下降等其他社会原因也是重要的影响因素。这些原因致使人们对包括个人护理、社区护理、机构护理在内的正式长期护理机构的依赖日益增加。如果不在长期护理需求产生之前进行筹资，那失能老年人及其家庭乃至国家最终将面临潜在的巨额事后成本。

　　防范长期护理财务风险的机制主要有两种。第一种机制是事前类型，即基于预防的考虑在对长期护理产生依赖性之前采取措施[2]。该机制主要分为两个构成部分：一是通过鼓励亲朋好友提供非正式护理来减少对正式长期护理的需求和依赖，因此长期护理成本会因为延迟入院而降低；二是鼓励个人进行储蓄积累来应对未来长期照护服务的支出，该机制可能面临的困境是潜在的照护者（例如子女）会表现出"代际道德风险"。"代际道德风险"的一种表现形式为社会道德规范的削弱，例如子女知道父母有收入或已经有一定的储蓄足以支付长期护理费用，而不愿意牺牲自己的时间和储蓄为父母提供非正式护理支持；另一种表现，作为财产继承人的子女知道父母依靠昂贵的正式照护可能导致自身继承的财富减少，其可能会通过非正式照护来避免或推迟父母住进养老院。相比事前措施，公共长期护理保险具有保护遗产继承人

---

① COLOMBO F, MERCIER J. Help Wanted? Fair and sustainable financing of long-term care services [J]. Applied economic perspectives and policy, 2012, 34（2）: 316-332.

② COSTA-FONT J, COURBAGE C. Crowding out of long-term care insurance: evidence from european expectations data [J]. Health economics, 2015, 24（51）: 74-88.

员的作用，但也削弱了子女提供非正式护理的动力[①]。

第二种机制是事后类型的筹资机制，当老人产生长期护理服务需求时可以选择家庭救助、住房抵押（反向抵押贷款），以及申请非正式和正式的长期护理补贴。同样，代际道德风险在事后类型的筹资中也会产生，如在经济不景气时，进入劳动力市场的年轻人无法申请家庭救助，因为按照公平的原则该群体仍然有着固定的收入，所以就无权享有家庭救助。反向抵押贷款只有在资本市场高度发达且房价合理稳定的国家中可行，许多经合组织成员国无法满足这些条件。补贴正式长期护理服务可能更容易引发代际道德风险，主要是因为补贴可能会引发子女减少对父母提供非正式照护。此外，有潜在正式长期护理需求的老人也会有面临道德风险的可能性——为了能不自掏腰包，而通过公共补贴的方式支付正式长期护理费用。Courbage 和 Zweifel（2011）研究得出，通过子女提供非正式照护的老人为了避免入住养老院，缺乏动力购买长期护理保险。

在经合组织的一些国家中，传统上长期护理的费用由老年人本人及其家庭或者公共财政支付，商业保险所发挥的作用非常有限。在长期护理支出仍不断增长，以及政府面对稳定的政府开支平衡的压力背景下，商业长期护理保险被作为长期护理资金补充来源的功能将被不断强化。但商业长期护理保险不可避免地存在逆向选择的问题，通常只有需要长期护理服务的高风险人士才会购买长期护理承保范围的保险；而商业长期护理保险不仅参保门槛高，还存在高保费和低保额的问题，人们在买保险的最佳时期有强烈意愿购买却

①　ZWEIFEL P, STRÜWE W. Long-term care insurance and bequests as instruments for shaping intergenerational relationship［J］. Journal of risk and uncertainty, 1996, 12（1）: 65–76.

负担不起保险费用①。这也会导致人们对政府补贴或自我保险的过多依赖，或者积累额外的储蓄以支付长期护理的费用。在欧洲，长期护理保险市场基本上不存在，这主要是因为需求不足，再加上公共保险计划对商业保险和储蓄的挤出效应严重抑制了商业长期护理保险的扩张②。此外，随着人口老龄化，欧洲国家的老年人成为重要的选民群体，这也提高了公共长期护理保险项目在政策议题中的地位。女性劳动力市场参与度的提高、家庭规模的缩小，以及家庭价值观的改变，也会导致非正式护理服务的减少。即使抵消"去机构化"③的影响，人们对长期护理服务的使用和依赖程度也在不断增加④。

因此，必须推行社会长期护理保险，但是社会保险也有其缺点，它不适合防范道德风险，社会长期护理保险的承保范围会诱导失能老人过度使用照护服务⑤。为摆脱这一困境，西方国家推行反向抵押贷款这类的金融产品，虽然它是一种以财产价值作为担保的贷款，用于补充退休期间的收入或满足长期护理服务的需求；但是，人们对反向抵押贷款的需求仍是有限的，甚至在欧洲国家也没有发展起来，主要由于欧洲国家的房地产泡沫破裂后引发的 2008 年经济

---

① COSTA-FONT J, FONT M. Does "early purchase" improve the willingness to pay for long-term care insurance?［J］. Applied economics letters, 2009, 16（13）: 1301–1305.

② BROWN J R, FINKELSTEIN A. The private market for long-term care insurance in the United States : a review of the evidence［J］. Journal of risk&insurance, 2010, 76（1）: 5–29.

③ 近年来，国际开始流行的养老机构的"去机构化"的概念，旨在推动养老机构改变服务模式，让老年人尽量少地感受到生活被限制和被规制，而是在一个自然氛围中激发老年人的自主性，以提高他们的生活能力和居住愉悦感。

④ LAKDAWALLA D, PHILIPSON T. The rise in old-age longevity and the market for long-term care［J］. American economic review, 2002, 92（1）: 295–306.

⑤ BARR N. Long-term care: a suitable case for social insurance［J］. Social policy&administration, 2010, 44（4）: 359–374.

危机，至今未能完全使全球经济走出阴影①。因此，与商业保险相比，护理福利的最终改善还需要通过社会保险来实现②。

无论是对正式还是非正式的长期护理进行补贴，都会引发代际道德风险，并成为商业长期护理保险发展的巨大障碍。在此背景下，社会长期护理保险也就应运而生。社会长期护理保险基于团结原则要求，无论未来风险和过去的损失如何分担，均须缴纳同等的保险费，且社会长期护理保险可以提供较低的保险费以换取更高程度的成本分担或无损失年限。

二、长期护理保险的财务制度设计

社会福利服务的制度设计必须考虑四个方面：财务、生产、配置与规范。长期护理保险不仅是一种社会保险，也是一种社会服务的提供，需要根据收入来源、生产、配置和规范进行整体设计。健全的财务设计是长期护理保险制度可持续发展的关键。

社会长期护理保险的财务处理方式主要有：完全积累制、现收现付制和部分积累制。现收现付制与积累制最大的不同在于是否积累个人账户储蓄金。无论收入来源筹措来自于税收还是保险费，均可采取现收现付制或积累制方式，抑或混合使用，即在保险费部分采取积累个人账户储蓄，政府补助部分采取当期拨入，即政府部分现收现付制。完全积累制是基于自我责任，财务资金来自于参保者个人账户积累的基金，当未来风险发生时，可换取当期的服务或现金

---

① COSTA-FONT J. Family ties and the crowding out of long-term care insurance ［J］. Oxford review of economic policy, 2010, 26（4）: 691-712.

② FRANK　R G. Long-term care financing in the united states : sources and institutions ［J］. Applied economic perspectives and policy, 2012, 34（2）: 333-345.

给付，其主要形式为个人储蓄金[①]与团体储蓄金[②]。虽然长期照护的风险发生率低但平均费用高，一般个人积累的储蓄金额较低。如果要发挥不同的失能风险者间的风险分担作用，则必须采取团体储蓄金。现收现付制主要原则为代际互助，不提前储存未来所需费用，由当期人口支付产生的长期照护费用，然而后代负担会较重。由于无须积累个人账户储蓄基金，现收现付制可使长期护理保险制度立即实施，以应对当期的长期照护需求，且无基金管理的成本与风险。但是，当缴费人口与给付人口的比例发生变动，现收现付制则必须调整筹资比例或给付额度来平衡收入与给付之间的差距。在人口老龄化趋势下，现收现付制如果以"量出为入"为原则，通常会需要不断地提高缴费者的筹资比例；如果以"量入为出"为原则，就需要降低给付额度。

德国与日本的长期护理保险都采取现收现付制的财务模式，且都经历过了几次筹资比例的调整，同时也调整了支付标准与给付水平。在整体财务运作上，应同时考虑"量出为入"与"量入为出"[③]两个原则。长期照护给付对象一般以老年人为主，现收现付制虽有代际互助的效果，但支出会因人口老龄化而迅猛增加，收入又因少子化而出现萎缩的趋势，致使财务运作面临收入与支出的两面夹击[④]。

为应对现收现付制配置无效率，实现代际公平性，改变筹资比例调升过剧等实际问题，近年来设置个人账户的呼声越来越强烈。面对长期照护费用呈

---

① FELDSTEIN M. Prefunding medicare [J]. The American economic review, 1999, 89（2）: 222-227.

② IWAMOTO Y, FUKUI T. Prefunding health and long-term care insurance [J]. Public policy review, 2009, 5（2）: 255-286.

③ ROTHGANG H. Social insurance for long-term care: an evaluation of the german model [J]. Social policy&administration, 2010, 44（4）: 436-460.

④ HEINICKE K, Thomsen S L. The social long-term care insurance in germany: origin, situation, threats and perspective [J]. Zew Discussion Papers, 2010.

现出惊人的上升趋势，财务运作的重心应该是寻找公平保障与财务可持续的平衡点，即确保财务可持续性，又不会转移太多财务负担给后代。部分积累制财源资金一部分来自事先积累的基金，另一部分则来自于当期参保者所缴交的保费，能将风险在代际间分担。现收现付制的基本理念是收支平衡，当期收入用于当期支出，如果拉长财务平衡期间，要求在未来一段时期实现收支平衡，这也被称为调整的现收现付制。这实际上是以现收现付为主要理念，向积累制方式转型。部分积累制运作的一个核心要素是法定安全准备金的额度。这比较接近完全积累制的理念，不过安全准备金的水平低于精算上完全积累制下的全额水平。部分积累制运作的第三个原则是根据年龄组别的差别设置不同的筹资比例，虽然是社会保险，但基于基金额度与生命阶段消费与储蓄的不同，低年龄组可以缴交低于平准筹资比例的保险费，而高年龄组则要缴交高于平准筹资比例的保险费。假设每个人缴纳的保险费都会经过低、高年龄阶段，那么整体筹资比例仍具有公平性，但积累基金额度可能低于完全准备额度。不过，提存准备额度会根据保险的特性，以及其制度设置的目标而定。

长期照护制度的财务设计包括给付设计、支付设计、费用估算、收入来源筹措、财务处理方式等方面，而这几个方面既相互联系又相互约束。根据国家与家庭对于长期照护的责任边界、风险分担程度、收入再分配效应等，长期护理制度的财务设计有多种模式可供选择。长期护理制度的保障范围、给付内容、给付水平、支付标准等制度因素都会影响长期护理保险的费用规模，进而影响个人或者企业的保费负担水平，而长期护理保险的财务处理方式会影响长期筹资比例设计。本研究以采取模拟预测分析方法，对我国长期护理保险实际进行长期筹资比例设计的模拟测算，并考虑筹资比例设计的各项因素，如部分积累制、筹资比例调整频率、筹资比例调整幅度、基金积累规模、代际公平性等指标，评估比较各方案。

第三节　长期护理保险服务可及性问题的提出

一、长期照护服务供求间的失衡

当前老年人口的照护需求已不仅是穿衣吃饭，而是对日常照料、长期照护和带有医疗性质的护理服务的叠加需求，其中日常照料是最基本的需求，长期照护和带有医疗性质的护理服务是衍生需求。不同于一般的养老服务，长期照护主要是为失能人员提供基本的生活照料以及相关的医疗护理服务，与一般的医疗服务和医疗护理相比，其目的不在于身体机能的恢复，而在于身体机能的维持。

根据国家统计局第七次全国人口普查数据显示，2020 年我国 60 岁以上老年人超过 2.6 亿人。[①] 依据全国老龄办的第四次老年人生活状况的调研结果，我国老年人的失能率达 18.3%，失能老人数量为 4000 多万人。国家卫健委数据显示，2019 年我国 60 岁以上老年人群中，至少患有 1 种慢性病的比例高达 75%。而相较于国际社会，到目前为止我国没有独立的、统一的长期照护服务体系，且在很长一段时间内长期照护服务都包含在养老服务体系中。近年来，随着医养结合、长期照护等政策的推进，我国在长期照护服务体系的建设上取得了重大进展，主要表现在以下几个方面。

---

① 资料来源：《2020 年度国家老龄事业发展公报》。

（一）养老照护对象的覆盖面正在不断扩大

从面向特定人群服务，即在农村地区是依托敬老院体系，面向农村"五保"老人以及其他没有供养条件的老人；在城市则是依托福利院体系，面向城市没有供养条件的老人；逐步转为面向全社会老人提供服务。国家卫健委发布的 2020 年度国家老年事业公报显示，2020 年全国各类养老床位合计821.0 万张，也就是说，每千名老年人拥有养老床位 31.1 张；其中注册登记的养老机构床位是 488.2 万张，社区养老服务床位是 332.8 万张。

（二）服务提供的主体以单一性向多元化转变

服务提供的主体正在由政府单一供给转变为社会、市场、政府多元化供给。以"专业化"的机构照护为例，在我国机构化照护服务中，公办公营、公办民营、民办非营利占到 90% 左右，其余为民办营利性机构。而在公办公营、公办民营和民办非营利机构中，主要的服务提供者是民办非营利机构。民办非营利机构的收费水平（失能老人 2636 元 / 月）高于公办机构（失能老人 2197 元 / 月），且高于全国养老金水平（2109 元 / 月）。

（三）服务内容从单一照料发展为多方结合

服务内容从单一的基本生活照料到养老服务与医疗服务相结合，包括机构养老、社区养老、居家养老在内都有不同程度的医养结合发展。我国社科院经济研究所医养结合调查结果显示，78.8% 的养老机构能够提供医疗服务，其中 48.2% 的养老机构是通过自设医疗设备提供服务，53.3% 的养老机构有医保定点资格。在一些基层医疗卫生机构中，如社区卫生服务中心、乡镇卫生院等，已开始利用闲置医疗资源提供医养结合服务，部分地区还探索出了"家庭病床服务"试点。

（四）照护服务有待解决的问题

在人口快速老龄化的背景下，我国老年人口及其照护需求持续增长，政府、社会以及家庭养老照护支出也呈快速上升趋势，但照护服务仍面临诸多问题。

1. 照护服务的供需不匹配

集中表现在机构服务空床率高，居家社区服务使用率较低，接近一半的服务没有被使用。这既是养老照护服务机构的性质造成的，也有制度设计不合理的原因。照护服务一方面由于标准化程度低、信息不对称，导致公众不够信任，有效需求不强；另一方面由于照护服务难以实现技术替代，存在人工成本较高的问题，致使机构供给的服务费用高昂，特别是低收入的失能人员的支付照护的费用。同时，公立照护机构存在激励不足、工作效率低下等普遍问题。这些公立照护服务机构的资金来源多为公共资金，这也造成了大量公共资源的闲置和浪费。

2. 照护服务资源城乡配置差距大

当前养老照料政策过于注重将资源配置给城市，忽视乡村。而乡村的老年群体数量更大、收入更低，养老问题更为严峻，他们不仅面临因人口流动带来的空巢问题，还面临基本医疗服务可及性较差的困境。特别是在欠发达的农村地区，大量年轻人外出务工，很多乡村已经成为名副其实的"老人村"，非正式照护极度缺乏，从而使养老照护结构性失衡的问题更加突出。

3. 照护服务政策资源配置上重机构轻居家

过去以建设机构养老为重点，而遗忘了居家养老的基本设施设置，忽视了居家养老的低成本与高效率等特点。原本愿意居家养老的老年人，因为住房存在缺乏有关的呼叫及报警设施，没有扶手，老旧居所的地面高低不平与易滑倒等问题，无人关注，致使老人居家时难以应付突发风险。据第四次中国城乡老年人生活抽样调查结果显示，58.7%的老年人认为住房存在不适合养老，其中乡村高达 63.2%[1]。由于缺乏资源的配置与相应的改造，使超过半数的城乡老人不想居家养老。

4.政策和实践中存在医护混淆

医护混淆问题主要表现为两个方面：一方面，在政策层面上长期照护服务容易被混同在养老服务中；另一方面，在现实生活中一部分失能老人的照料又与医疗服务相混淆。这会导致部分医疗机构假借医疗之名套取医保资金，也可能导致同一机构内部出现医保基金和长护基金的"重复补贴"现象，无形中造成更多的资金浪费。

二、长期照护服务体系的构成因素

长期照护服务体系的构成因素划分为四大系统，分别为资源系统、传递系统、运作系统和目标系统，如图 1-1 所示。长期照护服务体系中的每个系统都必须在合法、合理的运行规则和监管规则下，协调一致地给失能老年人提供照护服务。

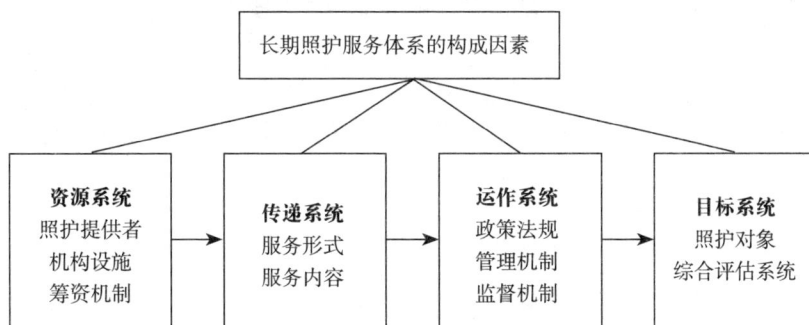

图 1-1　长期照护服务体系的构成因素

---

[1] 赵丽，李梓红.适老化改造难　如何让"悬空老人"下楼接地气［EB/OL］.（2020-09-20）〔2022-03-02〕. http://www.jiangsulong.com/a/2020/0922/1600740526.html.

（一）运作系统

运作系统是保证老年照护体系进行有条不紊运转的制度保障。其中，政策法规为照护体系的运转提供基本规则和法律依据，监督机制涉及各个环节的评估标准和监管规则等，保障照护服务体系高质量、高效率的运作，管理机制则涉及服务体系的运作流程，及中央和地方的资源配置功能划分和角色功能划分。

（二）资源系统

资源系统是老年照护所需的物质要素，包括照护提供者、机构设施和筹资机制。其中，照护提供者既包括家庭、朋友、邻居等非正式照护者，也包括专业的照护人员；机构设施包括家庭照护、社区照护和养老机构照护所对应的设施设备；筹资机制则是老年照护体系得以良好运作的财务基础保障。

（三）目标系统

目标系统是指老年照护服务的目标群体。综合评估系统作为一种准入机制，一方面可以对老年照护服务的目标群体做出筛选和认定；另一方面也可以评估老年人的照护需求层级，有效精准地匹配照护资源。

（四）传递系统

传递系统是照护服务从后台传递到前台的系统，主要体现为服务内容和服务形式。

三、长期照护服务可及性的内涵

"可及性"（accessibility）是公共服务领域，特别是卫生服务领域的一个专业名词，在公共卫生领域的研究中被广泛讨论。芝加哥大学学者罗纳德·安德森（Ronald Anderson）于 1968 年在 "A Behavioral Model of Families

Use of Health Services"一文中首次提出"可及性"概念，他认为每位公民都具有享受公共医疗卫生服务的基本权利，所以"可及性"应该是指公民在不考虑支付能力的前提下获得医疗卫生服务的程度。洛伊·潘查斯基（Roy Penchansky）和威廉·托马斯（William Thomas）在1981年发表的文章中，理性地批判了安德森的观点，构建了经典的卫生服务可及性的分析框架，包括可获得性（availability）、可达性（accessibility）、可负担性（affordability）、可接受性（acceptability）、可适应性（accommodation）五个维度。可获得性是指，现存服务（资源）的数量和种类与需求方所需服务的数量和种类之间的匹配程度。可达性是指，服务提供方和服务需求方之间的位置关系，考虑服务对象的地理位置、交通便捷程度、时间和费用成本等因素。可负担性是指，服务提供的费用与服务需求方支付能力之间的关系。可接受性是指，服务需求方的个人态度和服务提供方的实际特征之间的关系，以及服务需求方对服务提供方式的接受程度。可适应性是指，服务需求方所需服务资源的组织供给方式和服务需求方对这些因素（包括设施、服务时间等）的认知能力之间的关系，以及服务需求者对服务适当性的看法。

结合失能老年人长期护理服务的实践特征，引入潘查斯基和托马斯的卫生服务可及性模型，可将长期照护服务可及性分解为五个维度，即可获得性、可达性、可负担性、可接受性、可适应性，并分别设立指标（见图1-2）。可获得性指标，是指长期护理保险制度下照护服务提供的类型、数量与失能老年人所需要的类型、数量的匹配度，主要衡量照护服务资源的提供能力。可达性指标，又称地理可及性，是指从距离、路况和交通成本等地理空间范围和时间成本来衡量。可负担性指标主要衡量扣除社会保险给付后，失能老年人的照护服务支出的负担程度。可接受性指标，是指失能老年人对长期护理保险提供的福利做出的心理反应及其接受程度。可适应性指标，是指失能老年人及其家庭对长期护理保险和所享受的服务适应程度的评价。

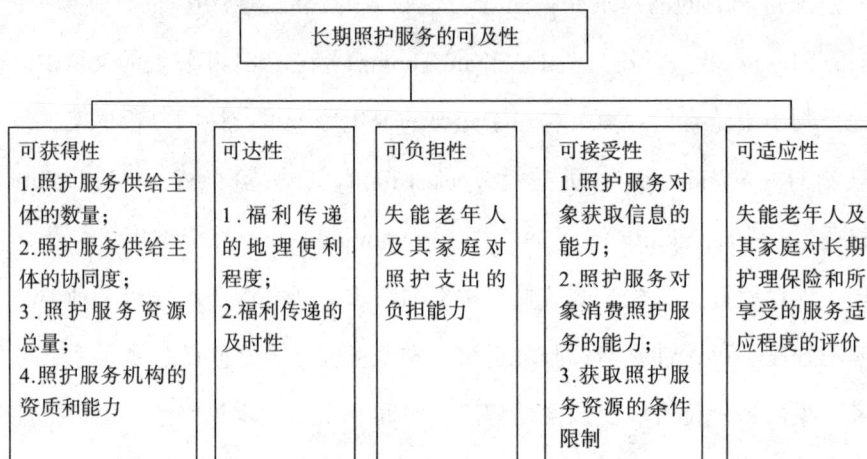

长期照护服务的可及性

可获得性
1.照护服务供给主体的数量；
2.照护服务供给主体的协同度；
3.照护服务资源总量；
4.照护服务机构的资质和能力

可达性
1.福利传递的地理便利程度；
2.福利传递的及时性

可负担性
失能老年人及其家庭对照护支出的负担能力

可接受性
1.照护服务对象获取信息的能力；
2.照护服务对象消费照护服务的能力；
3.获取照护服务资源的条件限制

可适应性
失能老年人及其家庭对长期护理保险和所享受的服务适应程度的评价

图 1-2 长期照护服务的可及性指标含义

中篇 ▶

长期护理保险财务
可持续性的实证研究

第二章　我国长期护理保险与服务的需求分析

第一节　长期护理保险需求的分析

长期护理保险制度问世之后，受众群体对于长期护理保险的需求成为学术界研究的热点。Chernew 指出，影响居民参加长期护理保险意愿最主要的因素是个人收入，另外保费的高低也是重要的影响因素之一。因此，他认为社会总收入处于中上层的人群参保意愿最高、积极性最强；而处于社会中下层，总收入处于平均水平以下的人参保意愿较低。[①]Peter Zweifel & Wolfram Struwe 通过分析委托代理模型，发现道德风险是抑制发达国家长期护理保险需求的最主要原因。[②]Alex Jingwei He & Kee-lee Chou 的研究表明，香港特别行政区的中老年人中年纪较轻、受教育程度较高、社会地位和掌握较多经济知识的人群对护理保险的需求相对较高，并发现护理保险的供给和需求双方在香港特别行政区都受到不同程度的限制，但可以通过补贴、税收优惠来鼓

---

① KANE R L, KANE R A. What older people want from long-term care, and how they can get it［J］. Health affairs, 2001, 20（6）: 114-127.

② ZWEIFEL P, STRUWE W. Long-term care insurance in a two-generation model［J］. The journal of risk and insurance, 1998, 65（1）: 13-32.

励其购买护理保险。[①] 邓庆彪和周芳仪基于宏观角度分析得出，居民收入水平、城市化水平、老年扶养比、国内生产总值和产业结构均对护理保险需求有显著的正向影响。[②] 总结国内外学者有关长期护理保险的需求的文献研究可得知，公众对于长期护理保险的需求受到长期护理保险制度设计本身和参保人自身特征两大因素的影响。

一、长期护理保险制度设计

影响长期护理保险需求的制度设计因素可进一步划分为筹资、保障水平两个维度。首先，在筹资方面，过高的保费使公众对长期护理保险的需求较低，反之，保费的降低会提高公众参保的意愿[③]。Akaichi & Costa-Font 通过离散选择实验检测保险范围、保险费和健康等因素对公众参保意愿的影响，发现保费每增加 100 美元，就会减少 1 个百分点的保险收入。[④]CostaFont、Rovira Forns & Kitajima、Wang 等设计了一种长期护理保险方案，运用条件价值评估法，通过研究实验发现西班牙、日本对长期护理保险的意愿参保率均随着所设置的保费的增加而降低[⑤⑥⑦]。韩会娟对石家庄的 325 名公众进行了访

① HE A J, CHOU K L.What affect the demand for long-term care insurance? A study of middle aged and older adults in Hong Kong［J］. Journal of applied gerontology, 2017, 39（1）: 1–33.

② 邓庆彪，周芳仪. 我国长期护理保险的需求影响因素分析［J］.保险职业学院学报，2015（2）: 31–34.

③ 左焱. 长期护理保险需求分析及制度构建研究［D］.贵阳：贵州财经大学，2018.

④ Akaichi F, COSTA–FONT J, Frank R. Uninsured by choice? A choice experiment on long term care insurance［J］. Journal of economic behavior&organization, 2020, 173（5）: 422–434.

⑤ COSTA–FONT J, ROVIRA–FORNS J. Who is willing to pay for long–term care insurance in Catalonia?［J］. Health policy, 2008, 86（1）: 72–84.

⑥ KITAJIMA T. Willingness to pay for long–term care insurance system in a municipality in Tokyo［J］. Asia–pacific journal of public health, 1999, 11（2）: 101–108.

⑦ WANG Q, YI Z, DING X, et al. Demand for long–term care insurance in China［J］. International journal of environmental research and public health, 2018, 15（1）: 6.

问，所得结果为人们期望承担较低的缴费额而获取更多的护理服务，她认为这一选择是符合经济人的理性选择[①]。但是为了避免长期护理保险的保费过低而增加财政的支付压力，长期护理保险的收入应该随着参保人数以及参保人收入的增加而增加，防止保费支出大于收入产生的保障水平降低、待遇标准降低或国家财政负担加重的后果[②]。除保费的因素外，子女与老人住在一起并同意用政府提供的现金津贴照护老人的参保者，显示出未来购买长期护理的意向[③]。杜霞和周志凯调查了公众在有无政府补贴情况下的参保意愿，发现政府补贴显著提高了公众对长期护理保险的参保意愿[④]。

　　长期护理保险的保障水平也对群体的长期护理保险需求有影响。Ameriks等运用了策略性调查问题方法，发现本应有 60% 的调查对象购买美国的私立长期护理保险，但实际的长期护理保险购买率只有 22%。这是由于长期护理保险在保障水平设计方面未能满足公众的需求，以及调查对象对长期护理保险产品缺乏兴趣所导致的[⑤]。Mommaerts 利用美国健康和退休数据以及收入动态纵向数据，模拟出如果美国私立长期护理保险支付由非正式照护者提供服务，长期护理保险的需求会上升 58%[⑥]。我国学者韩丽提出，当前我国长期护

①　韩会娟 . 老年长期护理保险的需求与供给研究：以石家庄为例［D］. 石家庄：河北经贸大学，2015.

②　熊金才，曹琼 . 我国长期护理保险筹资机制研究［J］. 汕头大学学报（人文社会科学），2020，36（9）：69–75+96.

③　YE H S, WANG W C, CHOU H C, et al. Private long–term care insurance decision：the role of income, risk propensity, personality, and life experience［J］. Healthcare, 2021, 9（1）：102.

④　杜霞，周志凯 . 长期护理保险的参与意愿及其影响因素研究：基于陕西省榆林市的微观样本［J］. 社会保障研究，2016（3）：41–50.

⑤　SHAPIRO M, BRIGGS J, TONETTI C, et al. Late–in–life risks and the under–insurance puzzle［C］// 2016 meeting papers. Society for economic dynamics, 2016.

⑥　MOMMAERTS C. Long–term care insurance and the family［J］. Job market paper, 2015, 11（1）：1–70.

理保险在给付水平上优先向机构倾斜，有关社区上门服务和居家护理的给付则较低，由于直接影响参保人的待遇享受，进而影响公众对长期护理保险的参保意愿[①]。

Brau & Bruni 以意大利为背景，选择了长期护理保险的举办模式（社会性 / 商业性）、保障程度、保费、是否支付额外的机构照护费用这四个特征进行研究，发现长期护理保险的保障程度每增加 1%，意大利公众的参保意愿显著增加，并愿意多支付 11 欧元，而且意大利公众偏好社会性的长期护理保险[②]。而 Allaire 等以美国为背景，选择长期护理保险的日均补贴额、受益期、免责期、参保者的健康要求、举办模式、保费、自愿性 / 强制性参保这七个特征进行研究，发现美国公众偏好能提供终身保障和高日均补贴额的长期护理保险，但并没有发现免责期对长期护理保险的需求具有显著性影响；而相比于强制性长期护理保险，美国公众更愿意参保自愿性长期护理保险[③]。

二、参保人自身特征

影响长期护理保险需求的参保人自身特征的因素包括个人和家庭两个层面。Anne Theisen Cramer & Gail A Jensen 应用美国 2002 年以来的数据，建立 logistic 回归分析，得出价格、消费者受教育水平和收入对长期护理保险需求有很大影响的结论，同时，购买者的受教育程度及收入情况也是重要的影响

① 韩丽，胡玲 . 长期护理保险待遇给付的现实困境及优化路径研究［J］. 卫生经济研究，2020，37（7）：49–52.

② BRAU R, BRUNI M L. Eliciting the demand for long–term care coverage : a discrete choice modelling analysis［J］. Health economics, 2010, 17（3）：411–433.

③ ALLAIRE B T, BROWN D S, WIENER J M. Who wants long–term care insurance? A stated preference survey of attitudes, beliefs, and characteristics［J］. Inquiry : a journal of medical care organization, provision and financing, 2016（53）：1–8.

因素。[1]Theisen & Jensen 研究了个人养老计划与长期护理保险之间的交互作用，研究结果表明，个人退休养老金计划的结构是个体选择长期护理保险的一个重要组成部分[2]。

Mittal & Griskevicius 进一步证明主观预期寿命是一个重要的心理机制，直接影响消费者的多种决策，包括对长期护理保险的意愿和偏好[3]。Jurek & Wolanska 提出，波兰人具有高度的私人保护倾向，绝大多数（近三分之二）的问卷对象对购买长期护理保险感兴趣，只有十六分之一的问卷对象表示不感兴趣，而决定购买意愿的主要因素有个人的远见、对长期护理费用的了解、对资助护理方法的偏好、生育子女数量和教育水平等[4]。我国老年慢性病患者的长期护理需求较高，低经济收入群体需要长期护理的可能性更高甚至需要更多的长期护理，因而那些来自较低经济收入群体的个人迫切需要实施长期护理保险制度[5]。

地区差异、个体年龄、健康状况、年收入对参保意愿有显著的影响。丁志宏、魏海伟通过实证分析发现，目前城市老年人购买长期护理保险的意愿

① CRAMER A T，JENSEN J A. Why don't people buy long-term care insurance?［J］. The journals of gerontology：social sciences，2006，61（4）：S185–S193.

② BOYER M M, GLENZER F. Pensions, annuities, and long-term care insurance : on the impact of risk screening［J］. The geneva risk and insurance review, 2021,46（2）: 133-174.

③ MITTAL C, GRISKEVICIUS V, Haws K L. From cradle to grave : how childhood and current environments impact consumers' subjective life expectancy and decision-making［J］. Journal of consumer research, 2020, 47（3）: 350–372.

④ JUREK L, Wolanska W. Determinants of demand for private long-term care insurance : empirical evidence from Poland［J］. Risks, 2021, 9（1）: 1–15.

⑤ HU H, SI Y, LI B. Decomposing inequality in long-term care need among older adults with chronic diseases in China : a life course perspective［J］. International journal of environmental research and public health, 2020, 17（7）: 2559.

并不高，并且存在较高的逆向选择，人口因素、社会因素、经济因素、替代因素、健康因素及个人意识因素显著影响着城市老年人购买长期护理保险的意愿。[①] 魏华林和何玉东经过研究得出，未婚、学历低、健康状况差、同住家庭成员多、家庭人均收入高的这些群体，所需的护理时长也越多，对长期护理保险的需求就越大[②]。吕鹰飞和赵馨萌利用实证研究得出，我国农村地区养老保障水平、农村居民人均可支配收入以及老年人口抚养比等因素对我国农村地区长期护理保险需求产生较大的影响[③]。雷咸胜基于我国七个城市的调研数据，运用有序多分类 logistic 回归分析得出，个体特征维度中的区域、经济维度中的月收入水平和风险认知维度中的受教育水平，对中青年群体参保意愿有显著影响；而挤出维度中的医保参与对参保意愿没有显著影响。[④] 杨茹侠等通过问卷数据得出，居家护理模式是长期护理保险利用对象的主要选择意愿，其中年龄和失能等级是影响长期护理保险利用对象对护理模式选择的重要因素。[⑤]

除了个体特征，家族内部道德风险被认为是私人长期护理保险发展缓慢的原因，父母期望家庭成员提供非正式的护理，因此倾向于购买更少的长期护理保险；反之，家庭成员如果知道遗产受到长期护理保险的保护，就不太愿意提供非正式的护理[⑥]。Darius Lakdawalla & Tomas Phili 等从一个全新角度

---

① 丁志宏，魏海伟.中国城市老人购买长期护理保险意愿及其影响因素［J］.人口研究，2016，40（6）：76-86.

② 魏华林，何玉东.中国长期护理保险市场潜力研究［J］.保险研究，2012（7）：7-15.

③ 吕鹰飞，赵馨萌.农村居民长期护理保险需求影响因素分析［J］.税务与经济，2020（4）：51-56.

④ 雷咸胜.中青年群体参与长期照护保险意愿的个体差异研究［J］.残疾人研究，2020（4）：89-96.

⑤ 杨茹侠，黄春芳，谢红.某市长期护理保险利用对象护理模式选择意愿状况及其影响因素［J］.医学与社会，2021，34（3）：94-97.

⑥ ZWEIFEL P. Innovation in long-term care insurance : joint contracts for mitigating relational moral hazard［J］. Insurance mathematics&economics, 2020, 93 : 116-124.

来分析人口老龄化对长期护理保险需求的影响，经过研究发现，人口老龄化会促进家庭长期护理供给，从而降低人们对长期护理保险的需求；因为健康的老年人能为其伴侣提供家庭护理，不必雇用专业护理人员。[1] 还有研究表明，一些突发疾病对商业长期护理保险的购买意愿有明显的影响，这对我国今后完善长期护理保险体系，特别是加快商业长期护理保险的发展具有一定的启示[2]。

　　总结上述文献，在个人层面影响长期护理保险需求的因素，包括人口社会因素、经济因素、个体参保情况和风险意识等。具体来说，人口社会因素方面，大部分研究发现青年群体与较低龄老人对长期护理保险的需求较高[3][4][5][6]，但也有部分研究表明个体年龄越大对长期护理保险的需求越高[7]。另外，受教育程度越高对长期护理保险需求就越大[8]。经济因素方面多数研究表

①　DARIUS LAKDAWALLA, TOMAS PHILI. The rise in old-age longevity and the market for long-term care [J]. The American economic review, 2002, 92（1）: 295-306.

②　XU X, ZHANG L, CHEN L, et al. Does COVID-2019 have an impact on the purchase intention of commercial long-term care insurance among the elderly in China?[J]. Healthcare, 2020, 8（2）: 126.

③　WANG Q, YI Z, DING X, et al. Demand for long-term care insurance in China [J]. International journal of environmental research and public health, 2018, 15（1）: 6.

④　荆涛，杨舒，孟郁聪. 消费者对长期护理保险的购买意愿及影响因素分析 [J]. 保险职业学院学报，2016（1）: 5-11.

⑤　曹信邦，陈强. 中国长期护理保险需求影响因素分析 [J]. 中国人口科学，2014（4）: 102-109+128.

⑥　丁志宏，魏海伟. 中国城市老人购买长期护理保险意愿及其影响因素 [J]. 人口研究，2016, 40(6): 76-86.

⑦　张奇林，韩瑞峰. 长期医疗护理保险居民参保意愿研究：来自青岛市的调查 [J]. 社会保障研究，2016（2）: 45-53.

⑧　戴卫东. 老年长期护理需求及其影响因素分析：基于苏皖两省调查的比较研究 [J]. 人口研究，2011（4）: 86-94.

明，收入较高且工作较稳定的群体，购买长期护理保险的意愿也较高[1][2]。参保情况方面，其他保障机制的替代效应挤出长期护理保险的需求[3]。风险意识方面，个体风险意识越高则认为需要长期照护的意识就越强，因为担心年老时生病无人照料，所以导致对长期护理保险的需求就越强烈[4][5]。

家庭层面的特征较为单一，大多是根据家庭结构及家庭成员因素方面。具体而言，无子女群体的参保意愿较高[6]，已婚群体的参保意愿也较高[7]。家庭结构中，子女与群体的共同生活会降低长期护理保险的参保意愿[8]。另外，遗产是影响家庭长期护理保险需求的重要机制。Brown 等通过特有的数据，测算出有赠遗动机的老年群体会倾向于购买长期护理保险，因为长期护理保

---

[1] ALLAIRE B T, BROWN D S, WIENER J M. Who wants long-term care insurance? A stated preference survey of attitudes, beliefs, and characteristics [J]. Inquiry a journal of medical care organization, provision and financing, 2016（53）: 1–8.

[2] COE N B, SKIRA M M, HOUTVEN C V. Long-term care insurance : does experience matter? [J]. Journal of health economics, 2015, 40（3）: 122–131.

[3] 陈冬梅，袁艺豪. 人口老龄化背景下我国长期护理保险需求的分析：以上海市为例 [J]. 上海大学学报（社会科学版），2015，32（6）: 13–22.

[4] TIAN Z R, BROWNE M J, GRIINDL H. Don't they care? Or, are they just unaware? Risk perception and the demand for long-term care insurance [J]. The journal of risk and insurance, 2010, 77（4）: 715–747.

[5] 戴卫东，陶秀彬. 青年人长期护理保险需求意愿及其影响因素分析：基于苏皖两省调查的比较研究 [J]. 中国卫生事业管理，2012，29（5）: 353–355.

[6] 杜霞，周志凯. 长期护理保险的参与意愿及其影响因素研究：基于陕西省榆林市的微观样本 [J]. 社会保障研究，2016（3）: 41–50.

[7] 孙正成. 需求视角下的老年长期护理保险研究：基于浙江省 17 个县市的调查 [J]. 中国软科学，2013（11）: 73–82.

[8] HOUTVEN C H V, COE N B, KONETZKA R T. Family structure and long-term care insurance purchase [J]. Health economics, 2015, 24（1）: 58–73.

险可以抵御一定的财产风险和健康风险 ①。

　　总之，目前关于长期护理保险需求的研究虽然取得了一定的进展，但大多数是关于部分影响因素的研究，缺乏系统性。另外，关于我国的数据研究大多是基于某个地方的数据，缺乏包括我国不同区域的研究，导致研究结论有一定的局限性。随着我国长期护理保险试点城市的推出，居民对于照护保险的认知也发生了变化，因此，需要结合当前数据进行跟踪研究。考虑到现有研究的不足，本研究将基于当前我国不同地区的调查数据，对于长期护理保险个人参与意愿进行系统研究。

①　BROWN J R, GODA G S, MCGARRY K. Long-term care insurance demand limited by beliefs about needs, concerns about insurers, and care available from family［J］. Health affairs, 2012, 31（6）: 129-302.

第二节　我国长期护理保险与服务的需求及选择

一、研究设计与研究假设

本研究期望通过对参加护理保险意愿影响因素的分析，探究人口特征因素、替代因素、促成因素、需求感知因素等自变量与护理保险的需求，以及与护理类型选择之间的关系，分析影响护理保险的参加以及护理类型的选择因素。

（一）诱发因素

诱发因素包括性别、年龄、婚姻状况、教育程度以及是否与儿女共同生活等。许多研究者认为，家庭成员对老年人所提供的护理服务会对社会型护理服务产生挤出效应，消费者认为家庭成员会为其提供基础的护理服务，因此无须购买长期护理保险。

（二）促成变量

促成变量包括经济金融知识、是否为计划者、储蓄的可用程度、所感知的社会阶层等因素。

（三）需求变量

需求变量指的是感知对护理保险的需求，以及个人预期对未来护理保险需求的可能性。

（四）假设因素

假设1，女性参加护理保险的需求高于男性。我们了解到，女性相对于男性来说更加关心自己的身体状况，因此我们在这里假设女性参加护理保险的倾向性大于男性。女性倾向于在家的护理方式，男性则倾向于在护理院接受照护。

假设2，年龄大的人群对照护保险的需求大于年龄较小的人群。年龄大的人群在预估自己未来的身体情况不是很好时，更倾向于参加护理保险。年龄大的人群倾向于在家的护理方式，年龄较小的人群倾向于在护理院接受照护。

假设3，文化程度高的人群参加护理保险的需求高于文化程度低的人群。我们认为，文化程度越高的人风险意识越强，更倾向于参加护理保险。文化程度低的人群倾向于在家的护理方式，文化程度较高的人群倾向于在护理院接受照护。

假设4，未婚或者离异的人群对护理保险的需求较大。已婚的人群倾向于在家的护理方式，未婚或者离异的人群倾向于在护理院接受照护。

假设5，居住类型为独居的人对护理保险的需求较大。由于独居人群在家中无其他亲人的陪伴，因此更倾向于去护理院的照护方式；而与子女或者配偶共同居住的人群对家庭的依赖度较高，所以更倾向于上门护理的照护方式。

假设6，收入高的人群参加护理保险的需求高于收入低的人群。收入较高的人群拥有更多的闲置资金可以用于购买护理保险，因此我们假设收入越高的人群参加护理保险的需求越高。收入较低的人群倾向于在家的护理方式，收入较高的人群倾向于在护理院接受照护。

假设7，已经购买过养老保险、医疗保险的人群继续参加护理保险的需求相对较大于未购买过其他保险的人群。购买了养老保险、医疗保险两类保险的人群对自身健康状况的关注高于没有购买的人群，因此我们假设购买了这两类保险的人群对参加护理保险的需求相对更大。已参保其他保险的人群倾向于在家的护理方式，未参保的人群倾向于在护理院接受照护。

假设 8，健康状况较差的人群参加护理保险的需求高于健康状况良好的人群。健康情况较差的人群在年老后失能的可能性比健康状况良好的人群可能性相对较大，由于预测到自己日后的健康状况不乐观，就更愿意参加护理保险。因此，我们假设健康情况越差的人群参加护理保险的需求越大。健康状况较差的人群倾向于去护理院接受专业的照护，健康状况较好的人群倾向于在家护理。

假设 9，家庭成员愿意且有能力支付护理费用的人群更愿意参加照护保险。家庭愿意承担护理费用的人群倾向于去护理院接受照护，反之则倾向于在家照护。

假设 10，对长期护理保险相关知识有一定了解的人群对护理保险的需求大于对照护保险不了解的人群。对长期护理保险知识了解的人群倾向于去护理院接受照护，不了解的人群则倾向于在家护理。

二、数据来源与分析方法

（一）数据来源

本研究的数据来源于 2017 年 10 月 1 日至 2018 年 3 月 12 日在上海、山东、浙江、湖南、湖北、河南、四川、陕西、新疆、黑龙江、吉林、辽宁等省、自治区、直辖市进行的问卷调查，其中约 90% 的调查对象为老年人，剩下 10% 为青年人。受到调查时间和调查对象的限制，所以问卷数量有限，共收集 303 份有效问卷。

（二）因变量

本研究的因变量为人们参加护理保险的需求及所倾向的护理类型。护理保险的需求是指消费者在特定时期内，愿意而且有能力购买的保险商品数量。首先，消费者必须有购买保险的意愿；其次，消费者有购买保险的能力；最后，消费者愿意选择何种类型的护理方式。

（三）自变量

本研究从行为经济学的角度出发，探究影响人们对护理保险购买的需求因素。如果消费者有购买保险的意愿，但其收入水平较低就不能支付保费则无法构成有效需求，所以其中一个自变量为收入状况，通过"年收入"来反映。护理保险主要是针对失能老年人不能进行生活自理时给付保险金或者提供长期护理服务，所以老年人的失能率是影响护理保险购买的直接因素。但是失能率的数据一般都难以获得，所以慢性病的患病率往往成为替代失能率的重要指标，因此老年人的健康状况为另一自变量，通过"您当前身体存在哪些问题""对自己健康状况的评估"来反映。同时，由于我国传统文化思想使家庭养老方式根深蒂固，并且存在其他类型的养老保险和医疗保险，这些都对护理保险具有替代作用，所以"性别""婚姻状况""有购买何种类型的养老保险"等问题同样可以用来反映相关变量。所倾向的护理类型则受到护理保险消费者的收入和居住类型的影响，所以"年收入""居住类型"也同样是影响护理类型选择的相关变量。综上所述，本研究选用性别、年龄、年收入、文化程度、健康状况、居住类型、参保状况等变量来分析影响参加护理保险的因素（如表 2-1 所示）。

表 2-1 问卷对象是否认同参加护理保险的调查频数表

是否认同参加护理保险	频数	比例 / %	是否购买医疗保险	频数	比例 / %
1. 不认同	142	46.86	1. 是	40	13.2
2. 认同	161	53.14	2. 否	263	86.8
性别			是否购买新型农村合作医疗保险		
1. 男	135	44.55	1. 是	91	30.03
2. 女	168	55.45	2. 否	212	69.97
年龄			是否购买城镇居民医疗保险		
1.40 岁以下	38	12.54	1. 是	84	27.72
2.41~50 岁	65	21.45	2. 否	219	72.28
3.51~60 岁	104	34.32	是否购买城镇职工医疗保险		
4.61~70 岁	77	25.41	1. 是	77	25.41
5.71 岁以上	19	6.27	2. 否	226	74.59
文化程度			是否购买商业医疗保险		
1 初中及以下	137	45.21	1. 是	32	10.56
2 高中或专科	111	36.63	2. 否	271	89.44
3. 本科	46	15.18	您现在的照护形式		
4. 硕士及以上	9	2.97	1. 在家由家人照护	120	39.6
婚姻状况			2. 在家雇保姆照护	21	6.93
1. 未婚	3	0.99	3. 去护理院，接受机构护理	20	6.6
2. 已婚	237	78.22	4. 在医院接受护理	29	9.57
3. 离婚	28	9.24	5. 其他	113	37.29
4. 丧偶	35	11.55	家庭每年在老人护理方面的支出		
居住类型			1.1000~3000 元	109	35.97
1. 独居	39	12.87	2.3001~5000 元	108	35.64
2. 与爱人住在一起	93	30.69	3.5001~7000 元	56	18.48
3. 与子女住在一起	62	20.46	4.7001 元以上	30	9.9
4. 与爱人和子女住在一起	81	26.73	家庭可负担在老人护理方面的支出		
5. 与父母住在一起	14	4.62	1.1000~3000 元	67	22.11
6. 其他	14	4.62	2.3001~5000 元	114	37.62
年收入			3.5001~7000 元	50	16.5
1.3 万元以下	144	47.52	4.7001 元以上	72	23.76
2.3 万元以上	159	52.48	亲人是否愿意支付护理费用		
健康状况			1. 不愿意	13	4.29
1. 身体较差	26	8.58	2. 不确定	77	25.41
2. 身体稍差	36	11.88	3. 愿意	213	70.3
3. 一般	89	29.37	对长期护理保险的了解		
4. 身体较好	108	35.64	1. 不知道	127	41.91
5. 身体非常好	44	14.52	2. 一点点，但不全面	127	41.91
是否购买养老保险			3. 比较了解	40	13.2
1. 是	83	27.39	4. 非常了解	9	2.97

续表

	频数	比例 / %		频数	比例 / %
2. 否	220	72.61	需要长期照护时希望的护理方式		
是否购买新型农村养老保险			1. 在家由家人照护	138	45.54
1. 是	72	23.76	2. 在家请保姆照护	48	15.84
2. 否	231	76.24	3. 去护理院，接受机构护理	31	10.23
是否购买城镇居民养老保险			4. 在医院接受护理	47	15.51
1. 是	61	20.13	5. 其他	39	12.87
2. 否	242	79.87	照护保险应缴费用（每人每年）		
			1. 30 元以内	131	43.23
是否购买城镇职工养老保险			2. 31~60 元	95	31.35
1. 是	78	25.74	3. 61~89 元	45	14.85
2. 否	225	74.26	4. 90 元以上	32	10.56
			希望的给付方式		
是否购买商业养老保险			1. 提供现金补贴，补贴照护服务	94	31.02
1. 是	30	9.9	2. 提供人员上门护理服务	104	34.32
2. 否	273	90.1	3. 提供护理院的照护，享受保险报销	105	34.65

三、实证分析与假设检验

从表 2-1 中可看出，人们参加护理保险的意愿与多种因素有关，为此，我们采用 logistic 回归分析，将各类因素全部纳入模型进行分析，考查不同因素对人们参加护理保险意愿的影响。

本研究构建的护理类型选择的模型一：

$$logistic(P) \equiv \ln[\,p\,/\,(1-p)\,] = Y = \partial + \sum_{i=1}^{k} \beta_i X_i$$

其中，Y 表示居民是否愿意参加护理保险，X_1、X_2……X_k 为影响居民参加长期护理保险的因素，包括性别、受教育程度、收入等。模型的因变量为变量，赋值为 1 和 0，因此，我们将采用 logistic 回归模型对参数进行估计。Logistic 回归被用来模型化某件事情发生的概率，其中链接函数为 $\ln(p/1\text{-}p)$，p 为事件发生的概率，这里表示居民愿意参加长期护理保险的概率。

表 2-2　参加护理保险意愿影响因素的 Logistic 分析

	模型一	模型二	模型三	模型四
性别	0.6464^{**}（0.2536）	0.5658[*]（0.2719）	0.5056（0.2792）	0.5506（0.2887）
年龄	-0.1260（0.1393）	-0.1396（0.1483）	-0.1123（0.1529）	-0.1218（0.1711）
文化程度	0.2617（0.1633）	0.2789（0.1870）	0.3078（0.1917）	0.1963（0.2097）
婚姻状况	0.5834^{**}（0.2325）	0.6048^{**}（0.2421）	0.5709[*]（0.2477）	0.65346[*]（0.2643）
居住类型	0.2577^{**}（0.1028）	0.2514^{**}（0.1072）	0.2695[*]（0.1099）	0.2758[*]（0.1194）
年收入	0.4863（0.2807）	0.5405[*]（0.2886）	0.5266（0.3013）	0.4770（0.3183）
健康状况	-0.2576（0.1465）	-0.2263（0.1504）	-0.1917（0.1527）	-0.2235（0.1637）
是否购买养老保险		-0.3140（0.5703）	-0.6126（0.6289）	-0.4893（0.6467）
是否购买新型农村养老保险		0.4917（0.5437）	0.4263（0.6289）	0.5212（0.6510）
是否购买城镇居民养老保险		0.1558（0.5368）	0.1572（0.5972）	0.0730（0.6129）
是否购买城镇职工养老保险		-0.1742（0.5542）	-0.3447（0.6346）	-0.5072（0.6594）
是否购买商业养老保险		0.1670（0.4970）	0.0472（0.5952）	0.0662（0.6365）
是否购买医疗保险			0.9923（0.5865）	0.9311（0.6078）
是否购买新型农村合作医疗保险			0.2232（0.5230）	0.0617（0.5401）
是否购买城镇居民医疗保险			0.1151（0.5162）	0.1043（0.5429）
是否购买城镇职工医疗保险			0.3358（0.5434）	0.3605（0.5619）
是否购买商业医疗保险			0.2118（0.5031）	-0.1181（0.5386）
目前所处照护形式				0.1094（0.0844）

	模型一	模型二	模型三	模型四
家庭在老人护理上的支出				-0.0254 （0.1659）
家庭可负担老人护理上的支出				0.1918 （0.1725）
需要长期照护时希望的护理方式				-0.1824 （0.1046）
亲人是否愿意支付护理费用				-0.1615 （0.2482）
对长期照护保险的了解				0.3483 （0.2016）
认为保险每人每年缴费多少合适				0.0004 （0.1486）
希望保险给付方式				-0.0328 （0.1812）

注：* $p < 0.05$，** $p < 0.01$，*** $p < 0.001$。

通过表 2-2 分析可以看出，模型一中性别、婚姻状况、居住类型等对人们参加护理保险有一定程度的影响。可见女性相比于男性参加护理保险的意愿更大，这可能是由于女性相对来说更加关心自己的身体状况；对于丧偶、未婚人群而言，更希望参加护理保险接受照护，这一类人群没有伴侣的照料，比较担心自己未来的生活起居，因而更愿意投保；对于居住类型而言，独居的人群对参加护理保险的需求大于与子女或父母同居的人群，独居的人群期待受到生活起居的照料。且有家庭资金支持的人群更愿意参加护理保险。

在模型二中加入养老保险变量后，性别、婚姻状况、居住类型和年收入对护理保险的需求仍有一定的影响，与模型一相同，年收入越高的人越倾向于参加护理保险。

在模型三和模型四中显示，婚姻状况为未婚或者丧偶的人群，以及居住类型为独居的人群更愿意参加护理保险。总体而言，婚姻状况、居住类型与年收入对护理保险的参与意愿更有显著的影响。

本研究构建的护理类型选择的模型二：

因变量护理类型的选择有多个取值，自变量 $x = (x_1, x_2 \cdots, x_b)$ 可得

$$P(y = k/x) = \ln\left[\frac{p(y = k/x)}{p(y = 0/x)}\right] = \partial + \beta_{k1}X_1 + \cdots + \beta_{kb}X_b$$

表 2-3　长期护理类型的选择多元嵌套模型回归分析

	模型一	模型二	模型三	模型四
性别	0.0985 （0.1380）	0.1576 （0.1469）	0.1225 （0.15120）	0.1299（0.1392）
年龄	0.1993** （0.0794）	0.2071** （0.0816）	0.2080** （0.08305）	0.0805（0.0838）
文化程度	0.3852*** （0.0891）	0.3749*** （0.0993）	0.3360*** （0.1012）	0.1884（0.1019）
婚姻状况	-0.0186 （0.1167）	-0.0505 （0.1177）	-0.0134 （0.1209）	0.0865（0.1150）
居住类型	0.1811*** （0.0552）	0.1775*** （0.0557）	0.1877*** （0.0571）	0.1772***（0.0548）
年收入	0.3315* （0.1556）	0.2718 （0.1569）	0.2190 （0.1620）	0.2836*（0.1541）
健康状况	-0.0312 （0.0789）	-0.0584 （0.0796）	-0.0459 （0.0809）	-0.1618*（0.0755）
是否购买养老保险		0.3666 （0.2951）	0.5068 （0.3158）	0.3644（0.2923）
是否购买新型农村 养老保险		-0.1439 （0.2766）	0.0834 （0.3133）	0.0451（0.2869）
是否购买城镇居民 养老保险		0.3716 （0.2695）	0.3846 （0.2991）	0.1853（0.2746）
是否购买城镇职工 养老保险		0.2000 （0.2816）	0.0167 （0.3170）	-0.2026（0.2930）
是否购买商业养老保险		0.2308 （0.2470）	0.3374 （0.3181）	0.1835（0.3000）
是否购买医疗保险			-0.3043 （0.2983）	-0.1481（0.2772）

续表

	模型一	模型二	模型三	模型四
是否购买新型农村合作医疗保险			-0.4031（0.2736）	-0.3442（0.2530）
是否购买城镇居民医疗保险			-0.1081（0.2698）	-0.0799（0.2577）
是否购买城镇职工医疗保险			0.2013（0.2864）	0.2962（0.2714）
是否购买商业医疗保险			-0.1078（0.2855）	-0.2078（0.2672）
目前所处照护形式				0.1302***（0.0366）
家庭在老人护理上的支出				-0.1729*（0.0800）
家庭可负担老人护理上的支出				0.3836***（0.0803）
亲人是否愿意支付护理费用				-0.3842***（0.1177）
对长期照护保险的了解				-0.0395（0.0952）
是否认同参加保险日后换取护理服务				-0.2659*（0.1295）
认为保险每人每年缴费多少合适				-0.0063（0.0683）
希望保险给付方式				0.3261***（0.0817）

注：* $p < 0.05$，** $p < 0.01$，*** $p < 0.001$。

由表 2-3 的结果显示，在模型一中，年龄、文化程度、居住类型和年收入分别在不同程度上影响居民选择不同的照护保险类型，文化程度与居住类型对居民选择参加的照护保险类型有显著的影响。文化程度越高的人群选择接受护理机构照护的意愿更高，这是因为他们拥有的知识面较广，且风险防范意识较强；而居住类型为独居的人群比和家人居住在一起的人群更愿意选择接受机构的照护，相反，和家人同居的人群会选择在家接受照护或者请保姆在家照护。年收入较高的人群也愿意接受去护理院接受照护。

在模型二和模型三中，年龄、文化程度和居住类型对护理类型的选择有显著的影响。

在模型四中，年收入、健康状况、家庭在老人护理上的支出多少、是否认同参加保险日后换取护理服务等因素，在一定程度上影响居民选择护理保险的类型；而居住类型、目前所处照护形式、家庭可负担老人护理上的支出、亲人是否愿意支付护理费用、希望的保险给付方式几个因素则显著影响护理类型的选择。

年收入与选择呈正相关，即年收入越高越倾向于选择接受机构照料，相反，年收入越低越会选择在家接受照护。健康状况则呈负向影响，身体状况较差的人群倾向于选择接受护理机构更为专业的照护，健康状况较好的人群则倾向于选择在家护理。家庭在老人护理上的支出多少、是否认同参加保险日后换取护理服务对护理类型的选择呈负向影响，家庭在老人的护理服务上支出越多的人群越会选择在家接受照料，这可能是因为家庭成员在平时对老人的护理非常全面，这方面的支出较多，也就不会再考虑去护理院接受照料了。反之，家庭在老人护理上支出较少的人群则会选择去护理院接受照料，因为这一类人群可能由于没有太多精力去选择该给老人提供怎样的护理，平时在这一方面的支出也较少，所以他们宁愿直接交由护理机构进行系统、专业的照料。

不认同参加保险来换取日后护理服务的人群更倾向于选择护理机构接受照料，而认同参加保险来换取日后护理服务的人群会选择在家接受照料，这可能是由于在平时未参保的人会由于暂时的需要而选择去护理院接受照护，但并不会为了日后的护理而去参保。居住类型为与亲人同居的人群更倾向于选择去护理机构接受照料，这可能是因为怕加重亲人的照料负担，去护理院接受照护能让家庭更省心。目前所处照护形式为在护理院接受照料的人群仍然会倾向于选择去护理院接受照料，这可能是对护理院的服务比较了解，或者是个人习惯的原因。家庭可负担老人护理上的支出越高的人群越会倾向于选择接受护理院更为专业、全面的照料。希望的保险给付方式为现金供给的人群会选择在家由亲人照护，希望的保险给付方式为提供护理院照护的人群会选择去护理机构接受照护。亲人愿意支付护理费用的人群会选择在家接受照护，亲人不愿意支付护理费用的人群则会选择去护理院接受照护，这是由于如果亲人愿意支付护理费用，则说明即使在家也可以得到好的照护；而如果亲人不愿意支付护理费用，则表明亲人的关心不够，在家也不会得到较好的关心和照护，大可以选择去护理院接受全面的照料。

本研究通过对长期护理保险需求的二元 logistic 回归分析和护理类型选择的多元回归分析，得出以下结论。

①性别、婚姻状况和居住类型在一定程度上显著影响人们参加长期护理保险的意愿。女性对护理保险的需求大于男性；丧偶、离异的人群对长期护理保险的需求大于未婚和已婚的人群；独居的人群对参加护理保险的迫切需求大于与子女或父母同居的人群。

②人们对护理保险类型的选择受到居住类型、目前所处的照护形式、家庭在老人护理上的支出、家庭可负担老人护理支出、亲人愿意支付护理保险费用，以及所希望的保险给付方式等因素的影响。独居人群更愿意在家接受照护；目前所处的照护形式为在家接受照护的仍然倾向于在家接受护理的方式。家庭在老人护理上的支出与护理类型的选择呈负向相关，支出费用越高越愿意选择留在家里接受照护，反之更愿意选择在护理院接受照护；家庭可负担护理的费用越高，越会选择去护理院接受照护；亲人愿意支付护理费用的人群也会选择去护理院接受照护。所希望的保险给付方式显著影响护理类型的选择，希望提供现金补贴的人群会选择在家接受照护，希望提供护理院

照护、享有保险报销的人群会选择去护理院接受护理的方式。

本研究选择长期护理保险需求的影响因素作为研究对象，目的是用实践来检验理论假设，进而找到真正影响这项制度发展的因素，以期为政策制定者提供更好的根据。根据以上分析可以看出，有许多因素影响着居民参加长期护理保险的意愿，普遍的原因是对护理保险不够了解。老龄化带来的护理问题迫切需要解决，建议加强对护理保险的宣传，加大对护理保险知识的普及力度。

第三章 长期护理保险财务可持续性的研究现状与理论基础

第一节 长期护理保险财务可持续性的研究现状

随着我国失能人数的不断增加，传统家庭提供的养老照护服务受到社会结构变化、家庭结构变化、女性就业上升、二孩政策的放开等因素影响，失能老年人所需的照护成本在不断增加且不具有专业性。简而言之，失能人数增加的同时带来了老年人的照护需求；快速的人口转变和城镇化进程也带来了家庭结构的变化，同时女性社会地位的上升与其劳动参与率的提高，这一系列现象都表明家庭照护的意愿和能力在迅速弱化。要使长期护理保险制度的实施能够得到长足发展，长期护理保险的财务问题则是最主要的问题。

一、国外长期护理支出压力研究

在推行长期护理保险制度的国家中，长期护理保险制度带来的财务困境令各国政府头疼欲裂。Colombo 等人通过对 OECD 国家的老年群体在长期护理保险支出的研究得出，由于长期护理保险费用支出呈现直线增长的趋势，预估到 2050 年大多数 OECD 国家的老年人长期护理保险的支出将会翻一倍[①]。Wittenberg 等人对德国、英国、意大利和西班牙的长期护理保险费用支出的估算也得出了相同的结果。结论发现，英国的长期护理保险费用支出与老年群体数量和单位服务费用息息相关[②]。Joan Costa-Font 和 Concepció Patxot 考察了西班牙长期护理资金的财务可持续性，采用代际会计（GA）方法来评估人口变化情况下长期护理服务资金政策的跨期影响，研究结果表明，虽然目前的制度在精算上似乎是公平的，但由于支出的人口依赖性，目前所使用的资源显然不足以满足未来的需要[③]。另外，日本政府自长期介护推出的 5 年内，其护理费用支出已经超过预计的两倍，面临极大的财务压力，不得不在 2006 年就进行缴筹资比例的改革。

国外关于长期护理保险基金支出压力的研究林林总总。一方面是长期护理保险的支出负担过重，给社会和国家带来了严峻的挑战。Christine & Joaquim 比较研究经合组织成员国以及金砖国家的医疗支出和长期护理成本后，预测得出，到 2060 年金砖国家公共医疗和长期护理支出在 GDP 的平均占比会达到 7.7% 的高值。[④]Brown & Finkelstein 认为，美国社会医疗保险对商业护理保险具有严重的挤出效应，相当于对商业护理保险征收了数额较高的"隐含税"，长此以往美国的长期护理保险将面临较为严重的财务风

① COLOMBO F, LLENA-NAZAL A, MERCIER J, et al. Help wanted? : providing and paying for long-term care [M] . Paris : OECD, 2011.

② COMAS-HERRERA A, WITTENBERG R, COSTA-FONT J, et al. Future long-term care expenditure in Germany, Spain, Italy and the United Kingdom [J] . Ageing&society, 2006, 26（2）: 285-302.

③ COSTA-FONT J, PATXOT C. The intergenerational impact of long-term care financing alternatives in Spain [J] . Social science electronic publishing, 2004, 29（4）: 599-620.

④ CHRISTINE DE LA M, JOAQUIM M. The future of health and long-term care spending [J] . OECD journal : economic studies, 2015（1）: 61-96.

险。[①]Yamada & Arai 提出，早在 2000 年日本就引入了长期护理保险制度，在实施长期护理保险系统后，获得长期护理保险服务需求认证的人员迅速增加，政府的财政负担也相应增加。[②] 另外，国外学者也对我国的长期护理保险支出进行了预测，Lorenzoni 等人基于支出成本的压力和可持续假设的宏观测算模型，预测我国到 2030 年的公共医疗和长期护理支出占 GDP 的比重将提升到4.7% ~ 5.2%，因此得出未来我国将在财政支出的可持续性上面临较严峻的政策挑战。[③] Zeng 等人提出，许多国家人口的迅速老龄化导致残疾老年人的数量增加，造成对长期护理的巨大需求。长期护理成本的测算已成为政府制定长期护理政策的重要根据，而关于长期护理成本的学术研究也在不断发展和深化中[④]。

另一方面，国外文献关注的是长期护理保险支出可持续性问题。Zhang等人根据 65 岁及以上残疾老年人的长期护理成本，预测 2020—2050 年我国长期护理保险的贡献率，研究得出我国财政总需求将从 2020 年的 5380 亿元大幅增加到 2050 年的 85308 亿元；从 2020—2050 年，我国残疾老年人长期照护的资金需求将增加，人均资金需求负担将显著增加，同时长期护理保险

———————

① BROWN J R, FINKELSTEIN A. Insuring long-term care in the U.S. journal of economic perspectives [J]. Journal of economic perspectives, 2011, 25（4）: 119–142.

② YAMADA M, ARAI H. Long-term care system in Japan [J]. Annals of geriatric medicine and research, 2020, 24（3）: 1–7.

③ LORENZONI L, MORGAN D, MURAKAMI Y, et al. Public expenditure projections for health and long-term care for China Until 2030 : OECD health working papers 84 [R]. Paris : OECD publishing, 2015.

④ ZENG Q, WANG Q, ZHANG L, et al. Comparison of the measurement of long-term care costs between China and other countries : a systematic review of the last decade [J]. Healthcare, 2020, 8（2）: 117.

的整体贡献率将呈线性增加，投保人的支付负担将逐年增加。[①] Feng 等人研究了长期护理保险对我国老年人医院利用和支出的影响，研究发现长期护理的引入使三级医院的住院时间、住院支出和医疗保险支出分别减少了41%、17.7% 和 11.4%，成本效益分析表明，每多花 1 元在长期护理保险将导致医疗保险支出减少 8.6 元。[②] Zhang 等人提出，人口老龄化和老年残疾人比例的增加给全球带来了前所未有的挑战，通过预测 2020—2050 年我国残疾老年人的数量及护理成本和城乡比较，分析了我国长期护理保险制度可持续发展的必要性。[③] 但是，还有学者认为，长期护理保险制度虽然存在财务方面的困境，但同时也促进了医疗服务的发展和老年群体的身心健康。Chen 提出，实施长期护理保险制度不仅可以提升医疗服务对象和医疗服务提供者的身心健康，减轻其家庭的经济负担，而且可以促进医疗服务行业的发展和医疗服务体系的进一步完善，然而，长期护理保险系统由于其资金来源的可持续性，其困境和可持续发展是政府未来需要关注的问题[④]。

二、国内长期护理保险支出压力研究

国内大部分学者认为长期护理保险的护理费用支出过高，存在着长期收支不平衡的严峻问题。陈璐利用 1995—2010 年可获取的数据，模拟测算了我

① ZHANG L, FU S, FANG Y. Prediction the contribution rate of long-term care insurance for the aged in China based on the balance of supply and demand [J]. Sustainability, 2020, 12（8）: 3144.

② FENG J, WANG Z, YU Y. Does long-term care insurance reduce hospital utilization and medical expenditures? Evidence from China [J]. Social science&medicine, 2020, 258 : 113081.

③ ZHANG L, FU S, FANG Y. Prediction of the number of and care costs for disabled elderly from 2020 to 2050 : a comparison between urban and rural areas in China [J]. Sustainability, 2020, 12 : 2598.

④ CHEN L, XU X. Effect evaluation of the long-term care insurance system on the health care of the elderly : a review [J]. Journal of multidisciplinary healthcare, 2020, 13 : 863-875.

国长期护理的总成本，评估得出长期护理公共保障制度存在再分配效应，认为构建这一制度能够实现失能群体的公平保障，但是也面临着长期收支不平衡这一挑战。[1]魏华林和何玉东通过人口预测模型结合长期风险发生率和费用支付标准，对我国长期护理保险动态需求进行了测算，发现未来长期护理总费用增长迅速，长期护理费用支出给社会带来了极大的经济压力，构建长期护理保险制度亟待解决[2]。宋占军和朱铭来从宏观角度测算我国长期护理费用，预估到2030年费用会突破1万亿元，达到约1.3万亿元，到2050年达到约3.85万亿元。[3]还有学者利用微观的数据对我国长期护理保险基金支出费用进行了研究，曾毅利用2005年"我国老年人口健康影响因素跟踪调查"的数据估算了65岁以上老人余寿中的期望日常照料成本，发现城镇的日常照料成本费用高于农村，女性高于男性。[4]张文娟和付敏认为，将长期护理保险项目的受益人群扩大到轻度失能人群会导致照料成本大幅度上升。[5]

但是，也有部分学者提出，建立长期护理保险制度能缓解我国医保基金的支出压力。人口年龄结构变动对我国社会保障制度构成了严峻的财务约束，导致医保基金的支付压力增大，但建立长期护理保障制度能够缓解医保基金支付压力[6]。朱铭来和宋占军测算了我国2015—2050年长期护理需求者数量，并用全国平均工资的50%、40%、30%作为失能老年人护理费用的高、中、

① 陈璐.中国长期护理成本的财政支持和公平保障［J］.财经研究，2013，29（5）：73–85.

② 魏华林，何玉东.中国长期护理保险市场潜力研究［J］.保险研究，2012（7）：7–15.

③ 宋占军，朱铭来.我国长期护理保险需求测算与发展战略［C］//中国保险与风险管理国际年会.中国保险与风险管理国际年会论文集.北京：清华大学出版社，2012.

④ 曾毅.老年人口家庭、健康与照料需求成本研究［M］.北京：科学出版社，2011：134–156.

⑤ 张文娟，付敏.长期护理保险制度中老年人的失能风险和照料时间：基于Barthel指数的分析［J］.保险研究，2020（5）：80–93.

⑥ 杨宜勇，关博.老龄化背景下社会保障的"防风险"和"补短板"：国际经验和我国改革路径［J］.经济与管理研究，2017，36（8）：44–53.

低水平来推算全国护理费用，建议允许将社会性长期护理保险的暂时结余资金投资于公共护理产业，实现其多渠道融资，缓解公共财政在解决老年长期护理问题方面面临的资金压力。[①] 曹信邦根据 2008 年中国老年健康影响因素跟踪调查（CLHLS）数据进行分析预测，认为我国长期护理保险总缴筹资比例保持在 2015 年的 1.07%、2020 年的 1.36%、2030 年的 1.9%、2050 年的 2.68%，能维持长期护理制度资金平衡。[②] 刘文和王若颖利用 DEA 及耦合协调度模型，对长期护理保险筹资效率及协调性进行评估，建议提升长期护理保险的资金运行效率，明确各筹资主体的职责，建立动态调整的筹资机制，提高资金利用效率，并建立评估机制，为资金使用的有效性提供保障。[③]

三、长期护理保险支出模型测算

长期护理保险基金支出一般都是根据老年人口失能率、受益人数和护理类型分布情况等相关数据建构模型进行测算。张盈华根据各年龄组失能发生率和各年龄组人口数测算出享受待遇的受益总人数，再按照不同方案的各失能等级受益人数占比计算出不同方案各失能等级的受益人数，最后计算得出基金支出。[④] 孙凌雪等人运用青岛 2012—2017 年长期护理保险实际运行的数据，包括不同性别、年龄的失能率，参保群体的护理类型分布情况，每个护理类型的年费用，不同参保人的失能等级构建基金支出精算模型，进而对未

① 朱铭来，宋占军.未来"老护"之路的设计走向［J］.中国社会保障，2011（2）：80-81.

② 曹信邦.中国失能老人公共长期护理保险制度的构建［J］.中国行政管理，2015（7）：66-69.

③ 刘文，王若颖.我国试点城市长期护理保险筹资效率研究：基于 14 个试点城市的实证分析［J］.西北人口，2020，41（5）：29-45.

④ 张盈华.中国长期护理保险制度的可持续评价与趋势分析［J］.人口学刊，2020，42（2）：80-88.

来基金的支出进行预测。[①] 林姗姗通过长期护理保险的缴筹资比例、缴费人群、工资额、保费收入和基金投资收益等其他收入来测算保险基金收入，又利用照护项目覆盖人数、平均成本、利用频率以及长期照护服务补偿费的一定比例来测算保险基金支出，进而得出基金基本平衡等式，建立长期护理保险精算模型。[②]

国内学者采用的数据不仅有人口普查等宏观数据，还有相关调查研究的微观数据。杨翌凌利用 2010 年第六次人口普查数据，包括不同失能等级人口数、不同护理模式选择率、失能等级下护理模式的护理成本，建立青岛市长期医疗护理保险财务精算模型，进而预测在青岛市长期医疗护理保险制度下，长期护理保险基金未来现金流的变化趋势[③]。张小凤利用北京市第六次全国人口普查数据和《全国城乡失能老年人状况研究》中老年人失能状况数据，首先对参保人数和失能率进行预测、计算各年龄段缴筹资比例，然后得出长期护理互助保险的社会统筹账户和个人账户的资金状况，最后得出长期护理保险资金的运行状况。[④]

长期来看，发达国家的长期护理保险基金收支运行模式仍然存在令人不安的因素，而我国关于长期护理保险财务困境的研究基本是基于发达国家以往的实践经验所开展的。由于社会制度、基金筹资模式等不同，研究的模型

---

① 孙凌雪，冯广刚，米红．我国长期护理保险基金支出可持续性研究：以青岛市为例［J］．东岳论丛，2020，41（5）：52–62．

② 林姗姗．我国长期照护保险制度的构建与财务平衡分析［J］．福建师范大学学报（哲学社会科学版），2013（1）：28–34．

③ 杨翌凌．基于财务可持续的长期护理保险制度研究：以青岛长期医疗护理保险为例［J］．公共管理，2019（10）：185–188．

④ 张小凤．北京市海淀区长期护理互助保险的财务可持续性研究［J］．社会政策研究，2019（2）：35–47．

方法也不相同。另外，长期护理保险制度在我国建立较晚，对于该领域的研究仍处于起步阶段，在一些问题的研究上还有待提升。一是有关长期护理保险制度的参保范围、资金筹集、给付范围等方面的研究还局限于一般的规范分析，有待更加详细的论证[①]。二是理论研究需要深化，如长期护理保险制度在家庭、政府和市场中的多元主体责任边界以及长期护理保险的可持续性发展等，都是需要深入探讨的重要理论问题。三是研究方法需要优化，需采用更具有实践基础的指标与数据。

---

① 文太林. 我国长期照护筹资相关研究述评 [J]. 四川理工学院学报（社会科学版），2018，33（1）：18-32.

第二节　长期护理保险的财务模式的比较

一、社会保险的财务处理

社会保险的主要目的在于"预防"公众因为某些风险的发生蒙受经济损失而导致经济不安全，其主要的运作方式是通过多数人事先的共同缴费，以此缴费额补偿风险发生后的经济损失。社会保险的两大特性为"保险性"和"社会性"。所谓的"保险性"，指申请给付权利来自于"事先缴费加保"及"风险发生且符合给付条件"；为保证保险履约能力，必须重视保险财务的可持续性，降低收入无法弥补支出的风险。"社会性"则是"社会保险"与"商业保险"最大的差异，其基本精神是"社会充足性原则"，指提供基本保障给需要者。为了达到社会充足性原则，社会保险衍生出强制参保、缴费与给付不完全对等、收入再分配、指数调整等特征。为了符合社会保险的运作精神，所有的社会保险财务设计原则都不能偏离"保险性"与"社会性"。社会保险的财务处理方式基本上可分为三种：完全积累制、现收现付制和部分积累制。

（一）完全积累制

完全积累制主要的精神在于自我责任与事先储蓄，获得给付的资格来自事先缴费，运作模式则主要有个人储蓄金与团体储蓄金两种。不论是何种运作模式，每位参保者都是以平准保险筹资比例完全提存费用，所以制度在未达到给付高峰期之前，会积累相当数额的基金，此笔基金原则上依法投资在法定范围内的金融资产，投资收益反馈于基金本身，资产用途是在未来交换（购买）当期的产出。就个别参保者而言，就是在符合给付条件时，换取当期给付（服务或现金）。然而就事先预储所产生的收入再分配效应而言，个人储蓄金是个人生命周期的收入再分配，而团体储蓄金则是同一代际间的生命周期收入再分配。

（二）现收现付制

所谓现收现付制，是指制度当期的保费收入完全用于当期保险给付的财务处理模式，不会有完全积累制下的基金积累。为了预防预期损失率与实际损失率差距之间的不利变动，原则上会立法明订必须至少保有相当于若干个月的给付金额作为安全准备金，以应对可能的短期性财务失衡。至于收入再分配效益，则视给付事故对象的发生年龄而定，若发生年龄较集中、甚至是全部发生在老年阶段，则呈现的主要是代际间的收入再分配；如果发生年龄并未有明显的年龄层级，呈现的就是兼有代际内及代际间的收入再分配。

（三）部分积累制

部分积累制则是一种以完全积累制为上限、现收现付制为下限，介于现收现付制与完全积累制之间的折中制度，故原则上应保有一定数额的基金，以应对临时性的财务失衡及未来的给付责任。在收入再分配效应上，不论给付事故对象的发生年龄为何阶段，都是具有代际内和代际间的风险分担性质。

二、长期护理保险的财务处理方式比较

（一）完全积累制

强调个人公平性的完全积累制，要求缴费与给付之间的关系必须充分遵守保险精算平衡原则，所以在制度建立之初，给付恐将无法达到充足性水平，而这显然与社会保险的目的——社会充足性相违背。如果积累制强调事先预储，必须积累足够的缴费年限才能申请给付，此类运作原则能否应对风险仍然存有疑虑。可是，对于长期护理保险建立时已处于长期的照护需求者而言，并无足够的时间来事先自我积累，所以完全积累制并不适用。如果要给这些失能人群提供公平的长期照护保障，需要以政府税收来支付相关支出，会是最直接的方式。但该方式对"工作的一代人"而言，会造成双重付费的负担。此外，长期照护的未来给付成本除了会受到人口老龄化及医疗科技的影响，仍然会受到更难以预测的照护人力组成及成本的经济社会变量的冲击。运用积累制基金是否能带来足以应对长期照护未来相关费用变动风险的报酬率效益，这也是长期护理保险实行积累制时必须要考虑的方面。

（二）现收现付制

现收现付制的主要精神源于代际互助，强调代际重分配以及代际风险的共同分摊（Barr & Diamond，2006），不事先提取或储蓄未来所需费用，由当期人口支付当下长期照护费用。从个人角度分析，个人在风险发生时，就能获得长期照护申请权益，该权益来自于现今对长期护理保险的缴费。现收现付制等于将某一代际的缴费转给另一个代际的给付，代代相传。同时也可能由于经济增长、人口结构的变化、制度目的等因素，而出现贡献与给付不相对等的状况。

在运作上，现收现付制的主要优点在于没有积累基金，不仅没有基金管理的成本与风险，且制度可立即执行，还能实时提升失能者及失能者家庭的福利，使制度的效益和功能能够立刻呈现出来，故具有较强的政治优势。但由于没有积累基金，所以当缴费人口与给付人口的比例有所变动时，则必须调整筹资比例或给付额来平衡收入与给付之间的差距。在人口老龄化趋势下，如果以"量出为入"为原则，通常要对缴费者调升筹资比例；如果是"量入为出"为原则，则应对受领者调降给付额。因此，如果从效率层面来说，现收现付制虽优于完全积累制，但如果从公平性出发，则完全积累制优于现收现付制（Holdenrieder，2006）。长期照护给付对象以老年人口为主，现收现付制虽有代际互助效果，不过支出因人口老龄化逐增，收入又因少子化而潜藏萎缩危机，其财务运作面临双面夹击挑战（Heinicke & Thomsen，2010；Arnold & Rothgang，2009）。

即便是依赖税收为收入来源且公共支出庞大的北欧国家，同样会出现人口老龄化影响财政稳定性与可持续性的问题（Lassila & Valkonen，2008）。为求将未来的财务压力较均匀地转移分配到现今，即便是常采取"现收现付"的税收制的长期照护制度，每年不仅要编列预算支付当年度的长期照护费用，还需要在制度初期再编列预算事先缴费，并且成立"缓冲基金"（Lassila & Valkonen，2004），主要功能在于让每年因长期照护支出而必须增加的税赋可以呈现较为稳定和平滑的态势。税收制的长期照护制度也可以采用积累制。例如，丹麦就已实施积累制以应对长期财务稳定性问题（Andersenetal，2008）。

（三）部分积累制

部分积累制是介于完全积累制与现收现付之间的一种财务模式，财务一部分来自事先提存积累的基金，另一部分则来自于当期参保者所缴交的保费，所以就长期照护需求的发生年龄较倾向于老人而言，部分积累制所产生的是风险能跨代际地相互分担（Barr & Diamond，2009）。在运作上，部分积累制有三个需要考虑的问题：第一，提存准备的额度。现收现付制的基本理念是收支平衡，当年收入用于支出；如果拉长平衡期，就要求在未来若干年内要收支平衡，称为调整的现收现付制。第二，法定安全准备的额度。倾向于以完全积累制的理念向现收现付制的方向转型。换而言之，安全准备的水平低于精算上完全积累制的全额水平。部分积累制积累额的多寡影响代际资源再分配，但必须通过不同代际的工资、死亡率、罹病率等资料进行精细化地考量（Barr & Diamond，2009）。第三，提缴年龄与提缴筹资比例的变化组合。郑清霞与郑文辉基于降低准备金额度、考虑大众储蓄习惯与缴费能力、缓和人口因素对年金财务的影响，打破单一筹资比例的惯例，针对老年基础年金财务处理方式提出"个人式两阶段筹资比例"。此方式在运作上是基于财务可持续性、准备提存额度等条件，设定不同年龄组的不同筹资比例水平，在生命周期中通常高年龄组缴费能力为最佳；因为即将迈入老年，所以采取较高的筹资比例水平，符合其消费储蓄习惯。这个概念也可运用到长期护理保险的财务处理，针对较高的年龄组采取较高水平的筹资比例。理论上，每个人都会经过少年、中年与老年，所以就整体而言，没有年龄歧视或公平性的争议。

在前述的三种财务处理方式中，就目前已实施长期护理保险的国家而言，均是实行现收现付制，其原因主要是：第一，长期护理保险原则上是衍生自该国已存的公共医疗保险制度，虽然"失能"与"医疗"在给付上存在着属性及期间的不同，但是在制度惯性及行政管理效率性的考虑下，长期护理保险还是配合实行现收现付制（Holdenrieder，2006；Arntzetal，2007）；第二，长期护理保险为开放性保险系统（Barr，1987），在持续有后继人口加入下即会有持续的现金收入；第三，在保险人为政府的情况下，最终有政府课税权作为后盾（Rejda，1999；Schulz，2001），所以不需要积累大量准备金来达到精算可持续性（Schulz，2001），但为了预防精算因子变动超乎原定方案，致使预期损失率与实际损失率产生差距，原则上会立法明订维持 6～12 个月的稳定基金，以应对可能出现的短期性财务失衡（Rejda，1999；柯木兴，1996）。

现收现付制必然可以让社会性长期护理保险在运作上立即实施，无须负担积累制基金的投资管理运作成本等效益，然而在给付风险主要集中在高龄阶段且为长期性给付需求的情况下，以短期性收入来源来支付长期性给付需求，势必会面临人口老龄化对制度在保费收入与费用支出所带来的双重冲击，造成现收现付制下的长期护理保险在财务运作上所面临的一大基本问题（Arnold & Rothgang，2009；Heinicke & Thomsen，2010）。

第三节　德国长期护理保险特征与财务状况分析

随着平均寿命延长、人口结构老龄化及家庭形式的转变，高龄老人照护需求以及社会性住院利用率的提高，让德国的医疗保险面临医疗资源配置错误所带来的财务危机。为缓解医疗保险财务危机并应对高龄照护需求，德国于 1994 年建立了长期护理保险制度，成为全世界第二个以保险模式来运作公共长期照护保障的国家。

长期护理保险模式在 1968 年由荷兰第一个推出，该项目因成本失控已进行了实质性改革。护理保险制度是德国综合社会安全网的一个重要组成部分，建立在社会团结的共识之上，平衡了普遍性的公共福利、经济状况调查社会援助、个人以及家庭责任。2009 年，该制度的保险覆盖了 89% 的德国人口，其余 11% 的人被要求购买私人长期护理保险。长期护理保险制度于 2008 年、2015 年和 2016 年分别进行了重大立法改革。该制度被公民广泛接受，并实现了许多最初的目标，确保获得长期护理服务的机会，减少了对当地资助的社会援助计划的依赖，加强了长期护理提供商的基础设施，扩大了家庭护理的覆盖面。

德国近期改革的着力点在于长期护理导致的福利价值的下降，制度的财务长期可持续性可提升的福利供给能力，为护理人员提供了更强有力的保护，以及通过新的评估系统将认知障碍者纳入长期护理服务。

一、财务制度特征分析

德国长期护理保险为了能迅速应对国内长期照护需求，财务处理方式以现收现付制为原则，除了少量的安全准备金的储备，整体制度的财务均衡基本是建立在收入及支出的平衡上。在收入方面，主要是来自于劳雇双方共同缴纳的保险费，政府在长期护理保险中并无财务责任，也不进行保险费补助，对于制度的财务支持主要在社会救助或补助兴建的服务机构。而在保险费的征缴上，社会保险缴费基数（简称"费基"）是以工资所得作为征缴基础，筹资比例则是通过议会来调整，并没有建立调整公式或自动调整机制。在支出上，就给付资格而言，配合不分年龄的强制纳保规定，德国长期护理保险在给付资格上仅有失能等级的规定，并无申请年龄的限制。在给付形式方面，护理服务主要有居家照护、日夜间照护、长短期照护和专业机构护理照护等给付项目，以及实物给付、现金给付和混合给付形式，其中只有居家照护提供实物给付、现金给付和混合形式，日夜间照护及护理院照护则只提供实物给付。在给付水平方面，德国长期护理保险的各项给付均明确了一定的给付金额或给付上限，并未有立法明定的自动调整机制，必须议会通过才可以进行调整。

在现收现付的财务处理方式下，人口结构高龄化是冲击制度财务平衡的制度外因素；而缺乏定期的财务调整机制，则是让收入无法即时性地微调筹资比例（或再加上费基）以应对财务失衡，以及支出无法适度满足被保险人的照护质量需求的制度内在因素。所以，德国长期照护险在初期虽呈现收支盈余的情况，但随着在 1995 年 4 月及 1996 年 7 月将家庭护理及护理院护理纳入制度的给付范围后，德国于 1999 年起开始出现财务赤字，且赤字金额连年攀升。如果探究其财务失衡的原因，主要有如下因素（Rothgang, 2010;

Arntzetal，2007）：第一，人口高龄化导致给付提高与费基缩小；第二，失业率的提高侵蚀了制度的收入来源；第三，工资所得高于法定上限者无需强制参加制度，以致保费收入来源受限；第四，家庭结构的改变及女性就业率的提高，致使照护给付使用情况从成本较低的居家服务逐步转向成本较高的护理院照护；第五，就现金给付的法定额度平均而言，仅为实物给付的一半，但大部分人还是偏好选择现金给付。

二、制度财务变革

（一）缴费

为了应对 1996 年护理院给付项目的建立，德国长期护理保险筹资比例进行了首次调整，将筹资比例从原本的 1% 调升到了 1.7%[①]（见表 3–1）。由于费基主要来自于缴纳人口及工资所得，人口结构高龄化必然会导致缴费人口的减少，然而经济持续低迷所带来的失业率提高以及低薪或兼职工作的增加，才是真正冲击费基的主要原因；反而受到经济不佳影响程度较低的高薪收入者，则被排除在制度的强制参保人口之外，无法发挥缓冲效果。以 1997 年至 2004 年为例，保费收入总价值的年增长率仅为 0.8%，低于同期的通货膨胀率。

为应对日益严重的人口高龄化问题，联邦宪法法院在 2001 年 4 月 3 日做出决议，认为养育子女对于现收现付制度具有正面的效果，为平衡被保险人因为养育子女而产生负担不公平的现象，长期护理保险筹资比例依被保险人是否育有子女而异。这个决议影响了德国 2004 年的法律修改，修改后的法律规定自 2005 年 1 月 1 日起，超过 23 岁无子女的被保险人（1940 年 1

---

① 许敏敏，段娜.德国长期护理保险及其筹资机制经验对我国的启示［J］.2019（7）；99–103.

月 1 日前出生的人除外）须多缴 0.25% 的保险费（见表 3–1），有子女、无子女的被保险人负担的长期护理保险筹资比例分别维持在 1.7% 及 1.95%。该措施虽然让自 1999 年起的制度财务赤字在 2006 年再次出现盈余，但是到 2007 年，制度财务再度转为负值，这表明单方面调整筹资比例的成效极其有限。

表 3-1　德国长期护理保险制度的改革变化

类型	年份	变化
缴费比例	1995	占收入的 1.7%
	2002	退休人员缴纳全额保险费
	2005	无子女的成年人增加 0.25%
	2008	增加到 1.95%
	2015	增加到 2.35%
	2017	增加到 2.55%
津贴调整	2008，2010，2012	增加受益水平
	2014	效益指数挂钩
照护者津贴	2008	公共养老金
	2008	失业保险税
	2008	对医疗保险和长期护理保险的补贴
	2016	将养老金福利扩大到更多照护者
认知障碍者津贴	2002	认知障碍患者的年费为 460 欧元
	2008	每月补贴，根据基本福利分层发放
	2017	纳入监管需要的新评估工具
咨询服务	2008	引入基于社区的护理支持中心
	2009	依法享有咨询的权利

在 2008 年之前，德国长期护理保险主要以提高筹资比例并控制支出，以解决制度的财务失衡问题。然而该措施实施以来，不仅财务赤字没有得到有效的改善，过度控制给付标准的结果更严重影响到被保险人所能得到的照护服务质量。总之 2008 年的改革方案以提升制度所能提供的照护服务质量为重

心，它调整支付水平的措施对财务面的影响最大。在调整支付水平上，分别在2008年、2010年、2012年进行了调整，在基于过去整体给付基础上，居家照护的实物给付所占比例仍是最低的，而护理院照护则是最高的，所以整体支付水平的调整方向应是以降低二者之间的差距为目标。为了让支付水平能及时应对照护成本的提高，2008年的改革方案中明确政府自2015年起，每三年必须重新审视支付水平的适应性，只有当支付水平的调涨不超过通货膨胀率与工资增长率，且必须在总体经济情况允许的状况下，方可调整支付水平。

首先，2008年的改革方案的主要目的虽然是强化制度给付所能提供的照护质量，并且从2007—2012年，整体支付水平的平均年增长率为1.4%，的确高于同期的通货膨胀率，但该增长率却不足以弥补制度从开办到2008年改革前未调整给付水平所丧失的购买力。其次，改革方案虽然提出了从2015年起每3年必须重新审视支付水平的适应性的规定，然而受到若干调整所需的客观条件限制，每3年重新审视的规定与"自动调整"之间仍存在一定的差距，也让制度在未来所能提供的保障实质性提升受到诸多不确定性因素的影响。综观德国长期护理保险自1994年开办至今，现收现付的财务运作方式固然让制度得以迅速成型并提供保障，但是随着时间的推移，面对人口老龄化及给付水平调升的严重冲击，也暴露了收入无法及时应对支出的快速增长的问题。

2015年，德国的人口储备基金建立起来，为长期护理保险项目提前融资的概念取得了显著成效。该基金由联邦银行管理，收取保险费收入的0.1%，目标是建立大约120万欧元的储备。该基金2035年起方可使用，在某一特定年份最多可提取其中的二十分之一用于支持长期护理保险，该基金仅解决了未来部分的资金需求。

（二）覆盖范围

尽管长期护理保险项目包括所有年龄的人，但从获取资格人群的年龄段来看，只有 17% 的人年龄在 60 岁及以下，28% 的人年龄在 1 ～ 80 岁，55% 的人年龄在 80 岁及以上。德国社会长期护理保险的资格基于三个身体上的护理级别，痴呆和相关认知障碍患者可获得补充，需要大量护理的人可以获得"困难"福利。2013 年，引入 0 级照护，将需要在家接受"一般监督和照护"的人群纳入，通常是痴呆症患者、智障患者或精神疾病患者。2016 年，资格类别被细化为 5 个护理级别，目的是消除认知残疾和身体残疾之间的区别[①]，通过针对性引入认知障碍患者，而这种区别已经逐渐消失。从 2017 年 1 月起，资格分类不再侧重于需要护理的时间长短，而是侧重于面对持续的身体、认知或心理障碍、与健康有关的压力或要求的个人管理能力。

资格评估也相应地进行了改革。首先是基于时间和类型的援助，新的评估旨在分配类别，并根据受益人的自理水平分为六级——移动能力、认知和交际能力、行为和心理问题、自我保健、治疗、管理能力和社会环境，六级参数有不同的权重，使某些类别比其他类别更重要。然后再将总分转化为五个护理级别中的一个，表 3-2 显示了新系统和旧系统之间的近似等效性；过渡协议旨在确保受益人在转换过程中不受损失。制度继续由基金同行审查委员会的专业人员（主要是医生和护士）进行评估。从历史上看，福利权益的决定，包括否认，通常被认为是可靠的和公正的，就算上诉也很少被推翻。

---

① BÜSCHER A, WINGENFELD K, SCHAEFFER D. Determining eligibility for long-term care-lessons from Germany [J]. International journal of integrated care, 2011（11）: 584.

表 3-2　资格标准（改革前后的对照表）

旧制度	残疾程度	新制度
等级零	ADL 包含项目，但可以受益于一般监督和预防 / 辅助服务	等级一
等级一	每天至少一次在个人卫生、进食或活动方面需要帮助，每周多次在家里需要额外的帮助；每天至少 90 分钟，其中 45 分钟是基本护理	等级二
等级一 + 补充	等级一内容，再加上日常监督的需要	等级三
等级二	每天至少三次基本日常活动需要帮助，每周几次基本日常活动需要额外帮助；每天至少 3 小时，其中 2 小时是基本护理	等级三
等级二 + 补充	等级二内容，再加上日常监督的需要	等级四
等级三	至少需要 2 个全天 24 小时的日常活动援助，每周多次需要额外的日常活动援助；每天至少 5 小时，其中 4 小时是基本护理	等级四
等级三 + 补充	等级三内容，再加上日常监督的需要	等级五
困难	每天需要至少 7 小时的等级三级援助，夜间至少 2 小时，或需要只能由多人同时提供的基本护理	等级五

德国长期护理保险的福利是统一筹资比例，不因收入或资产而变化，但因残疾程度而变化，同时，受益人可以选择现金或实物服务（受益人也可以同时获得现金和实物服务）。现金福利大约是实物服务价值的一半，通常用于补充家庭收入，而不是购买服务。一般而言，该计划允许受助人在选择服务提供者和使用认为合适的现金福利时拥有广泛的自由裁量权。该制度还包括一个"日托"类别，类似于成人日间服务，比如人们前往一个场所接受支持性照护和监督。虽然最低福利水平不支付每月的福利，但它使接受者有资格获得辅助福利，包括临时救济、住房装修、咨询和养老金缴款等，如表 3-3、表 3-4 所示。

表 3-3　2017 年福利标准

单位：欧元

护理级别	家庭护理：实物福利	家庭护理：现金福利	日托	养老院护理
等级一	—	—	—	—
等级二	689	316	689	770
	786	360	786	878
等级三	1298	545	1298	1262
	1480	621	1480	1439
等级四	1612	728	1612	1775
	1838	830	1838	2024
等级五	1995	901	1995	2005
	2274	1027	2274	2286

表 3-4　2017 年的辅助福利

福利	金额 / 欧元
短期休假（紧急）	125
	143
长期休假：8 周的费用 / 年	1612
	1838
为长期护理保险受助人提供共用居住安排的支援 / 月	214
	244
建立共享生活安排的初始资金，每个人、每户最多 10000 欧元	2500
	2850
敬老院住客特别补助费 / 年	266
	303
医疗用品 / 件	40
	46
家居装修，按个人或合住安排计算 / 年	4000
	4560

　　长期护理保险为符合资格的照护者支付法定的养老金费用，还为合格的照护者支付失业保险、医疗保险和长期人寿保险，这些照护者每周必须在被照护者家中提供至少 14 小时（从 2017 年起为 10 小时）的照护。照护人员享有 6 个月的假期，以及最多 24 个月的非全日制假期。照护者可以申请无息贷款，但必须在返回工作岗位后偿还这些贷款。受益人还可以申请帮助和补贴来改造住房以满足护理需要，非正式家庭照料者可获得免费护理培训，因此，改革主要针对受益面的扩张，更系统和全面地监督照护需求，并且增加了照护人员和痴呆症患者的福利。

第四节　日本长期介护保险制度财务特征与变迁

为应对老年人照护需求的迅猛增长趋势，日本政府以推动长期护理保险为目标，在 1989 年首度提出"黄金计划"，计划以 10 年的时间建立与实施长期护理保险所需的照护设施、人力及相关运作机制。黄金计划的拓展代表了长期照护需求的满足，将从过去仅通过单一的机构化（医院及护理院）途径，进一步拓展到社区及居家照护等多元内容。在黄金计划的推动过程中，日本经历了正式照护体系的快速增长，以及所需成本年增长率达到 10% ~ 15% 的时期，所以日本政府除了在 1994 年再度调整黄金计划、提高对相关照护设施及人力的设置，也开始认识到单独通过税收来应对快速增长的长期照护需求，以及对政府财政可能带来的沉重负担。1997 年，日本国会通过了以社会保险模式来运作长期照护保障的介护保险制度，并在 2000 年 4 月正式开始运作。

一、财务制度安排

有别于德国的普及性保障，日本介护保险的强制参保年龄是 40 周岁，被保险人依投保年龄的不同分为两大类：第 1 号被保险人（65 岁及以上者）以及第 2 号被保险人（40 岁及以上未满 65 岁者，含 40 岁者）。为与黄金计划的进程相衔接，提供照护老人实时性的长期照护保障，日本介护保险的财务处理方式实施现收现付制，并立法明确财务重新计算期间为 3 年（称作"计划管理期间"）。各地方自治体在提出长期照护预算时，必须先预测未来 3 年所需要的支

出，再根据此支出预测推算未来 3 年所需财务资金的收入来源，并实施每 5 年

一次的定期性财务重新计算规定，具体财务收入来源如图 3-1 所示。

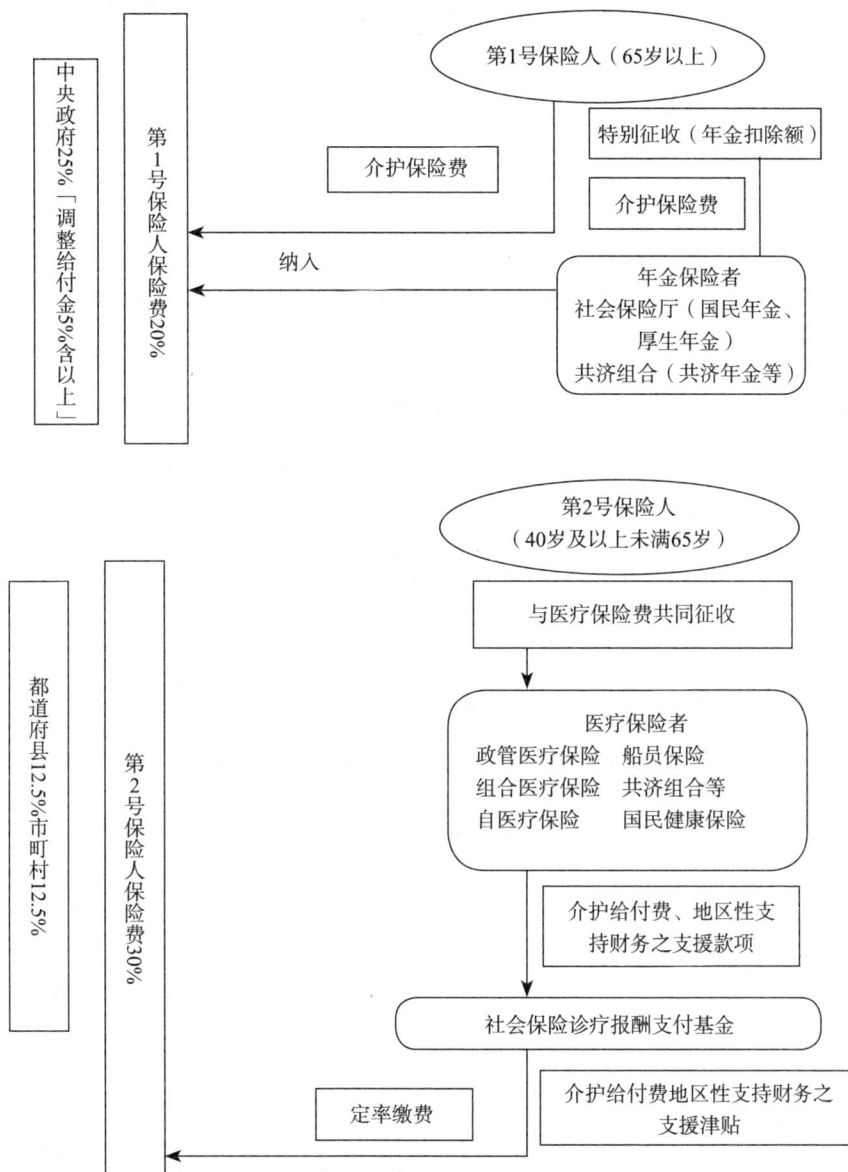

图 3-1　日本介护保险制度的收入来源

（一）收入

日本介护保险虽是实行社会保险模式，但给付费用的收入来源主要是税收、保险费、使用者需负担的资金三部分，分别按照 45%、45%、10% 的比例实施，有别于德国主要依赖雇主及受雇者各付一半的收入来源筹措方式。由于收入来源筹措结构的复杂性，使日本介护保险的财务设计、费用推估与筹资比例调整也需考虑较多的因素。

1. 税收

介护保险给付费用中的 45% 是由税收来支付，此税收支付额分别由中央政府负担 25%、都道府县负担 12.5%、市町村负担 12.5%；介护保险机构、特定机构入居者生活介护、介护预防特定机构入居者生活介护的给付等机构给付，则由中央政府负担 20%、都道府县负担 17.5%、市町村负担 12.5%。关于介护保险事业的事务费，介护保险法制定时规定相当于事务费用二分之一的额度由国家以交付金形式支付。随着地方自治的进展及介护保险事务走上正轨，2004年介护保险制度调整后，改为事务费全额由各市町村的一般收入来源支付，中央政府负担的 25% 那部分由"定率负担"及"调整交付金"组成。

定率负担是中央政府交付给所有的市町村（保险者）20% 的定率负担（机构等给付为 15%），而调整交付金则是中央政府根据各市町村的财政力强弱情况，倾斜式地给予 5% 的调整交付金。调整交付金的计算原则是根据各市町村的三项状况来决定：75 岁及以上人口比例（目的是评估长期照护需求高风险群所占比率）、65 岁及以上人口（第 1 号被保险人）的平均所得（目的是评估保险费的负担能力）和灾害时保险费减免等不能归责于保险者的事由。

2. 保险费

介护给付费的另外 45% 部分由保险费支付，整体保险费负担的运作是基于每人平均负担保险费的理念，采用第 1 号被保险人、第 2 号被保险人两个群体各自总人数的比例来负担保险费，每 3 年调整一次。具体的分担比例是以第 2 号被保险人预估总数占所有被保险者预估总数比例的二分之一（介护给付费中保险费负担比例）数值为基准。在人口高龄化的趋势下，第 1 号被保险人负担比例有逐年提高的趋势，以 2000—2002 年为例，第 1 号、第 2 号被保险人的负担比例分别为 17%、33%，而到了 2009—2011 年，则分别为 20%、30%。在个人应负担的保险费方面，以第 1 号被保险人为例，主要是根据保险费基准额与个人收入所适用的筹资比例两项因素来计算。

在计算保险费基准额部分，先对各市町村根据市町村介护保险事业计划中服务预估量计算出来的保险给付额（费用）、财政安定化基金中的支出金及偿还金、地域支援事业及保健福祉事业的费用额、市町村特别给付金额、事务费等费用合计，计算出介护保险特别会计的总支出额；再将计算出的总支出额减去负担及介护给付费交付金等的差额，即为保险费基准额。保险费基准额原则上是以 3 年为期来做估算，即一旦估算出来要适用于未来的 3 年。至于个人适用的筹资比例部分，基本上是实行累进筹资比例，中央政府制定的筹资比例级别有六级，依被保险人所得的高低不同适用于不同的筹资比例系数，使各市町村可以导入多阶段或进行筹资比例的变更。

以东京都立川市为例，第 1 号被保险人的保险费计算流程如图 3-2 所示。在第 5 期计划中，立川市为达到根据负担能力来征收保险费的原则，决定导入更细致的所得级别，原 9 个阶段调整为 11 个阶段，各阶段的筹资比例也有所调整。总之，第 1 号被保险人的保费收取基准是每 3 年根据未来 3 年的介护费用增长状况来调整一次，并无特定的筹资比例调整公式。第 2 号被保险人的保险费是由劳雇双方各负担一半，并随同国民健康保险的保费一起征收。

其保险费计算基础与第2号被保险人所适用的国民健康保险的保费相同，依照不同的工资标准来缴纳不同的介护保险费。

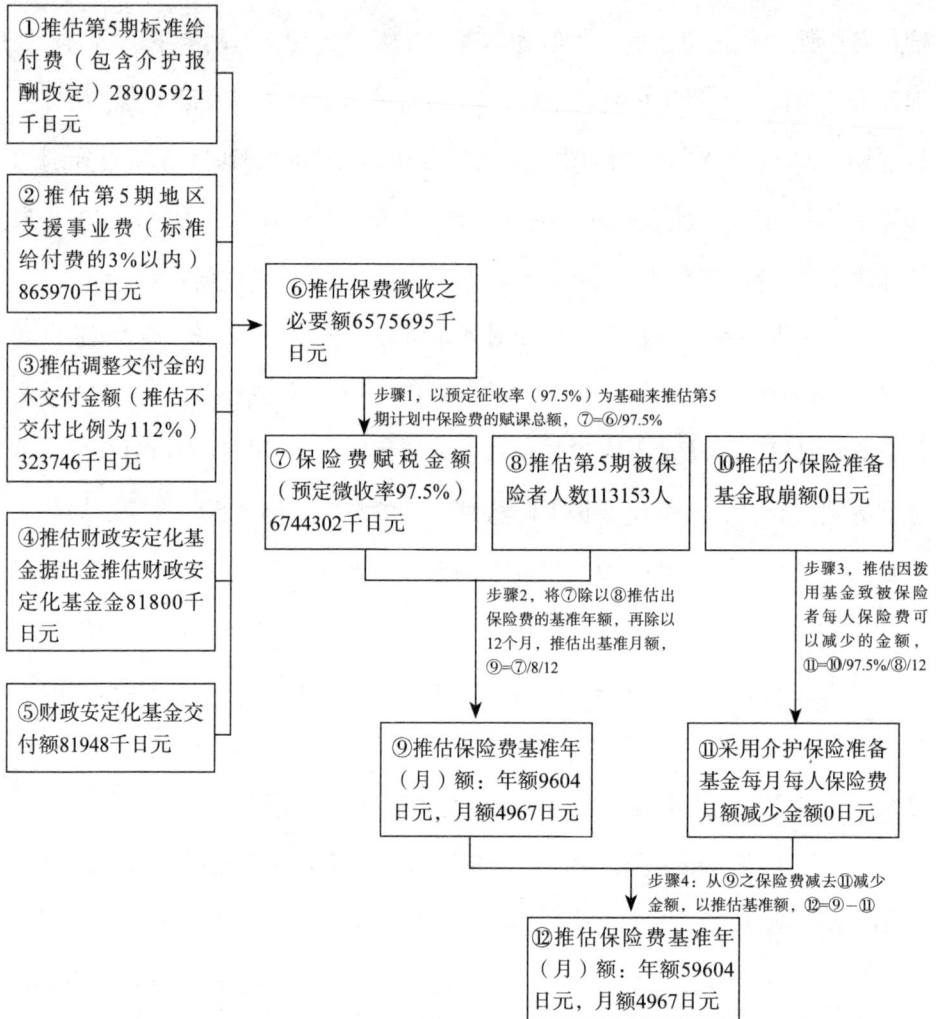

①推估第5期标准给付费（包含介护报酬改定）28905921千日元

②推估第5期地区支援事业费（标准给付费的3%以内）865970千日元

③推估调整交付金的不交付金额（推估不交付比例为112%）323746千日元

④推估财政安定化基金据出金推估财政安定化基金金81800千日元

⑤财政安定化基金交付额81948千日元

⑥推估保费微收之必要额6575695千日元

步骤1，以预定征收率（97.5%）为基础来推估第5期计划中保险费的赋课总额，⑦=⑥/97.5%

⑦保险费赋税金额（预定微收率97.5%）6744302千日元

⑧推估第5期被保险者人数113153人

⑩推估介保险准备基金取崩额0日元

步骤2，将⑦除以⑧推估出保险费的基准年额，再除以12个月，推估出基准月额，⑨=⑦/⑧/12

步骤3，推估因拨用基金致被保险者每人保险费可以减少的金额，⑪=⑩/97.5%/⑧/12

⑨推估保险费基准年（月）额：年额9604日元，月额4967日元

⑪采用介护保险准备基金每月每人保险费月额减少金额0日元

步骤4：从⑨之保险费减去⑪减少金额，以推估基准额，⑫=⑨-⑪

⑫推估保险费基准年（月）额：年额59604日元，月额4967日元

图 3-2　立川市第1号被保险人的介保费计算流程

（二）支出

在支出上，首先，就给付资格而言，要符合日本介护保险的给付资格，必须满足申请年龄及失能等级的规定。基本上，第 1 号被保险人在符合失能等级的规定下，即可申请相关给付；第 2 号被保险人则必须在符合若干与年龄有关的法定疾病的情况，才能申请相关给付。其次，在给付项目上，包括居家照护、社区照护、护理院照护、预防性照护服务等。最后，在给付形式上，主要以实物给付为主，除极少数的特殊状况，否则不会出现现金给付。

（三）财务稳定机制

为稳定现收现付制下的财务运作，日本介护保险财务设计中特别设置了"财政安定化基金"与"市町村相互财政安定化事业"两项机制。所谓"财政安定化基金"，指市区町村（包括广域联合）等保险人必须设立介护保险特别会计账，以管理介护保险财务收入及支出。特别是当会计收入来源不足时，可由市町村向都道府县设立的"财政安定化基金"申请协助及贷款支付。那么，财政安定化基金如何运作？介护保险为谋求市町村介护保险财政的稳定性，在都道府县下设置财政安定化基金，该基金收入来源为 3 年介护保险事业给付总额的 0.5%，由中央、都道府县及市町村各负担三分之一。其中市町村的负担部分，依规定是以第 1 号被保险人的保险费来支付。其主要运作原则：因实际保险费征收额低于预先估计的保险费征收额而导致财务赤字时，以不足额度的二分之一作为可拨款补助的金额（称作"基准交付金"），另一半可由市町村向该基金贷款。贷款额度以不超过保险费不足额的二分之一为原则，接受上述借贷资金的市町村在次期的市町村介护保险事业计划的计划期间，将该市町村的第 1 号被保险人的保险费作为收入来源，以 3 年为期限来分期返还，该项贷款以无利息分期偿还。

市町村相互财政安定化事业，指由多数市町村共同组合财务安定互惠事业，设定共通的"调整保险筹资比例"（为使保险给付费总额与收入总额相均），以此来进行广泛的保险财政调整，达到财政稳定的效果，并降低各市町村间保险费水平的差异性。在运作上，都道府县可回应市町村的请求，将有意愿参与市町村相互财政安定化事业的市町村进行调整，并对调整保险筹资比例的基准等进行建议及指导。但是与广域联合进行保险运营将保险者一体化不同。所谓广域联合是指因被保险人较少的小规模市町村营运保险不易时，可根据地方自治法由多个市町村联合成一个更大规模的保险机构，进而接管营运介护保险。

二、财务制度的变革

日本介护保险虽是在"从家庭提供照护转而为由社会提供照护"的目标付诸行动，不过在制度建立的前 6 年，符合资格的申请者增长了 109%，远高于同时期 65 岁及以上人口的增长率，而居家照护使用者及护理院照护使用者分别增加了 180% 和 56%。然而，同时期介护保险预算的增长率却仅有 97%，低于相关照护资源使用者的增长率，以致制度财务快速走向失衡。日本介护保险早期就出现赤字的原因有下三点：第一，长期照护由必须经资产调查改为保险制，诱发了隐性需求者的出现；第二，入住照护机构的自负额低于日本一般的租屋行情，以致老年失能者从社区照护转为选择护理院照护，加重了制度的财务支出；第三，在照护申请者大量增加的情况下，负责审核的官方专业照护管理者人力不足，因而开放了符合一定资格的营利性民间照护提供机构加入审核照护等级的工作，如此开放，可能让某些照护机构在营利的目标下放宽资格认定标准，以致带来照护使用人数的增加。

由于制度面临的财务危机，在原定的每 5 年一次财务重新计算的条例下，介护保险在 2005 年进行了第一次财务重新计算，以重建财务可持续性为重心，自 2006 年 4 月起又开始展开一系列的制度财务变革。

（一）2005 年改革方案

支出上的非预期的快速增长，是介护保险财务危机提前出现的主要原因，所以在 2005 年改革方案中，财务调整上主要是针对支出进行调控。相关的重点有以下三个方面。

（1）调整长期照护的服务导向，导入预防性给付计划（New Preventive Benefits，简称 NPB），针对较低程度的失能者经评估后归入 NPB 的适用对象，并限制其仅能申请社区照护或预防性服务。通过 NPB 全程的运作，希望在降低低度失能者步入较高度失能的同时，抑制支出的过度快速增长。

（2）针对非低收入的老年失能者，将入住护理院的膳食及居住费用排除在给付项目之外，以求制度能为在经济上真正需要照护的给付者提供保障。

（3）扩大对居家及社区照护的被保险者纳入给付范围的提供形式，同时允许住宅提供者将照护服务的工作外包，以提高整体住宅产品的弹性设计范围，促进传统的长期照护机构与民间营利性机构之间的良性竞争，进一步引导失能老人使用社区照护的服务资源。

在上述 2005 年的制度财务调整措施实施后，长期照护的费用支出增长率从 2004 年的 8.8% 降到 2006 年的 0.6%，初步成效已经显现出来。

（二）2011 年改革方案

经过 2005 年的制度改革，介护保险支出过于快速增长的问题已得到初步的解决。以 2000—2005 年为例，介护保险支出从 3.6 万亿日元增长到 6.4 万亿日元，5 年的增长幅度约为 78%；而从 2006—2011 年，支出则从 6.4 万亿日元增长到 8.3 万亿日元，5 年增长幅度约为 30%。

快速高龄化的人口结构，仍然是日本介护保险运作的财务隐患，而逐年提高的保险费亦加重着被保险人的经济负担，以第 1 号被保险人为例，其平均保费已从 2000—2002 年的 2911 日元，增长到 2009—2011 年的 4160 日元。因此，国会在 2011 年通过了介护保险的第二次调整方案，并从 2012 年 4 月开始实施。此次的调整重点：第一，为契合高龄者所在地老龄化的偏好，通过提高国民健康保险与介护保险的联结、预防照护、居住条件等方式强化社区照护的功能及使用效率、降低失能者对机构照护的利用率、减轻制度费用的给付成本；第二，提高照护人力的供给及质量；第三，鉴于财政安定化基金被借出比率已开始有所下降，故设计将财政安定化基金安全余额以外的多余缴费金额，退还予参与缴费的行政单位，以降低第 1 类被保险人的保费负担；第四，取消部分市町村相互财政安定化事业在 2009—2011 年的缴费额，并用此来协助减轻第 1 类被保险人的保费负担。

从日本介护保险的发展历程和变革可以看出，3 年平衡筹资比例与 5 年财务重新调整机制对介护保险筹资比例的适时调整和财务危机的提早警示是非常重要的。最近两次的改革成效就可以看出，降低机构照护资源的使用率并提高其服务提供效率，是日本介护保险应对高龄化下的制度给付压力以及未来持续发展的调整方向。

从德国与日本长期护理保险的财务机制可以看出，在现收现付的财务处理方式下，人口老龄化是制度可持续运作的严峻挑战。总之，如何将"准备提存"元素融入现收现付制的财务模式是一个值得重点讨论的方向。Arnold & Rothgang（2009）提出一个考虑抚育后代行为的事先提存准备方案——任何人无论何种理由，如果没有抚育足够数量的儿童，那么都应该额外缴交长期照护费用用于长期护理保险基金。因为平均寿命延长以及生育水平降低是人口老龄化的根本原因，所以儿童已不只是个别家庭的后代，而是未来公共制度收入来源的贡献者以及各项照护服务的生产者。此方案回应了对育儿者以及非育儿者的公平性问题，解决了长期护理保险的财务问题。

Iwamoto（2008）以 Fukui & Iwamoto（2007）提出以发展健康的介护保险模型为基础，讨论日本未来人口老龄化影响医疗以及介护保险财务的机制。如果按照目前的财务制度设计运作，那么社会保险费负担将明显地逐年增加；如果以生命周期合计其一生所缴交的保险费，各个代际的负担不尽相同——与现今代际相比较，后代在其生命周期内的保费负担会更加沉重。所以，一种可能的选择是改为个人账户储蓄，提高保险筹资比例，以积累基金作为未来的给付使用。Iwamoto（2008）认为，提高筹资比例在政策上并不可行，尤其日本介护保险是以现收现付为基础；虽然改成采取积累制是个严峻的政策挑战，但不这么做就会加重后代的财务负担。故此，采取提高筹资比例是有助于降低代际财务负担的不公平性。

根据 Iwamoto（2008）的模拟，有些代际既要支付当代长期照护支出又得为自己事先储蓄，遭遇所谓的双重负担的问题；但其处境也优于持续在现收现付制模式下的负担。Holdenrieder（2006）也提到双重负担问题，基于积累制事先积累的精神，理论上会让长期护理保险制度无法立即实施，而当下所需的长期照护服务又必须以税收融通，因此将造成双重负担的问题。

另一方面，积累制的前提是必须先预估费用以决定筹资比例，面对着未来数十年的健康状况、平均寿命、医疗科技进步以及照护人力成本增加等因素，让费用估算、筹资比例精算均有预测上的不准确性，很难将筹资比例设定在科学与适当的水平。部分积累制应是可行的财务处理方式，其提存水平以及长期筹资比例设计则必须考虑以下几点内容：第一，财务收支长期维持稳定、平衡；第二，避免费率频繁变化；第三，筹资比例调整幅度不宜过大；第四，筹资比例设计应考虑各代际人口的可负担性；第五，代际间负担的公平性；第六，兼顾代际连带与个人责任；第七，基金积累规模；等等。

第四章　我国长期护理保险支出预测与均衡模型

第一节　我国长期护理试点城市现状分析

一、保障范围

长期护理保险作为一项新的政策，其参保群体并没有覆盖到我国全体公民，但是也在不断地扩大覆盖范围。我国长期护理保险试点城市的参保对象大概分为两类：第一类，仅覆盖到城镇职工，包含的城市有承德市、安庆市、齐齐哈尔市、宁波市和重庆市；在新增的 14 个试点城市中，大多仅将参保对象覆盖到城镇职工，再根据运行的情况逐步扩大参保范围，如天津市、晋城市、盘锦市、开封市、湘潭市、南宁市、汉中市、乌鲁木齐市；第二类，除了城镇职工，还覆盖到了城乡居民，包含的城市有青岛市、长春市、南通市、荆门市、上海市、石河子市和苏州市；在新增的 14 个试点城市（区）中，把参保范围从城镇职工扩展到城乡居民的城市（区）有北京市石景山区和呼和浩特市。另外，在 2021 年 1 月修订的《广州市长期护理保险试行办法》中扩大了长期护理保险的保障范围，提出在原长期护理险已覆盖全体职工医保人群的基础上，将 18 周岁及以上的城乡居民医保参保人员纳入其覆盖范围，实现对全体职工医保、18 周岁以上居民医保参保人员应保尽保，提升政策普惠性。

根据实际数据显示，截至 2017 年底，我国 15 个试点城市的长期护理保险制度方案已经全部出台，超过 3800 万人参保；到 2018 年的年底，参保人数增长到 4647 万人；再到 2019 年底，长期护理保险的参保人数达到了 8854 万人。仅从数据来看，我国的参保人数在短短的三年里得到了迅速的增长。但是，江苏省 7 个试点城市的长期护理保险参保人数达 2326.2 万人，其中 7.01 万人享受待遇，这意味着仅有 3% 的参保人员享受到了该待遇。2019 年广州市长期护理保险参保人数已达到 750 万余人，市内有 1.3 万人通过长期护理保险鉴定评估，通过率超过 92%，有 7.8 万人次享受长护险待遇。根据这个人群口径来计算，可见我国实际享受待遇的人数与学者们研究推算的失能人数之间的差距还是很大。

青岛市和南通市是我国最早开展长期护理保险试点的地区，"青岛模式"和"南通模式"已经成为我国的模范试点。截至 2019 年，青岛和南通两地的参保受益人占老年总人数的比重分别是 2.6% 和 0.21%。参考国际上其他国家的数据，截至 2015 年，韩国、德国、荷兰三个国家的参保受益人占老年人口总数的比重分别是 7%、8.7% 和 27%，日本截至 2016 年也超过了 17%。与国际上其他国家相比，很显然我国的试点城市的参保人制度受益面还是过于狭窄，保障范围扩大的同时也要保证参保人能够得到相应的服务待遇。要解决我国制度受益面过窄问题的关键，在于明确规定我国的长期护理制度应该保障哪些人。

二、失能评估标准

随着失能判定标准的发展，失能评估工具也变得更加多样化。我国对失能老年人的评估标准虽然各有不同，但是评估工具大多是基于《日常生活活动能力评定量表》（Barthel 指数评定量表），在之前的 15 个试点城市中除了成都市、上海市、上饶市和苏州市以外，长期护理失能评估指标都是基于此表。该表评分标准按照以下 10 个项目进行评估：穿衣（0 ＝依赖，10 ＝自理）、修饰（0 ＝需帮助，5 ＝独立梳头、刷牙、洗脸、剃须）、进食（0 ＝依赖别人，10 ＝全面自理）、如厕（0 ＝依赖别人，10 ＝自理）、控制大便（0 ＝失禁或昏迷，10 ＝能控制）、控制小便（0 ＝失禁或昏迷或需由他人导尿，10 ＝能控制）、洗澡（0 ＝依赖，5 ＝自理）、床椅转移（0 ＝完全依赖别人、不能坐，15 ＝自理）、活动（在病房周围，不包括走远路：平地 45 米）（0 ＝不能步行，15 ＝独立步行）、上下楼梯（上下一段楼梯，用手杖也算独立）（0 ＝不能，10 ＝自理）。

从我国第一批的 15 个长期护理保险试点城市来看，大部分城市都是基于生活自理能力维度进行评估，并且把重度失能老年人作为最基本的保障对象，仅有少数城市把保障范围扩大到中度或轻度等级的保障对象，例如青岛市、长春市和南通市三个城市。总的来看，对老年人的失能评估标准过于严苛，这导致存在多数需要照护的失能老年人没有得到应有的照护。在新的 14 个长期护理保险试点城市中，基本上都是把重度失能老年人作为长期护理保险的保障对象，仅呼和浩特市把失能老年人的评估等级又进一步划分为重度失能和中度失能。我国试点城市长期护理保险失能评估工具与评估等级的具体情况见表 4-1。

社会长期护理保险：可持续性与可及性

表 4-1　试点城市（区）长期护理保险失能评估工具与评估等级

评估工具	评估等级	城市
日常生活活动能力评定量表（Barthel 指数评定量表）	重度失能：评定分数低于或等于 40 分的人员	承德市
		荆门市
		安庆市
		石河子市
		广州市
		齐齐哈尔市
		宁波市
		重庆市
		上饶市
		北京市石景山区
		天津市
		晋城市
		盘锦市
		开封市
		湘潭市
		南宁市
		汉中市
		乌鲁木齐市
	中度和轻度失能：评定分数 41 ～ 50 分为中度失能人员；评定分数 51 ～ 70 分为轻度失能人员	青岛市
		长春市
		南通市
		呼和浩特市
上海市老年照护统一需求评估标准（试行）	上海市采用的是《上海市老年照护统一需求评估分级标准》，评估结果分为正常、照护一级、照护二级、照护三级、照护四级、照护五级、照护六级、建议至相关医疗机构就诊等 8 个等级	上海市
成都市成人失能综合评估基数规范	评估指标分为一级指标（共 4 个，包括基本日常生活活动能力、精神状态、感知觉和社会参与）和二级指标（共 18 个，其中日常生活活动占 10 个指标，包括进食、洗澡、修饰、穿衣、大便控制、小便控制、如厕、床椅转移、平地行走、上下楼梯；精神状态占 4 个指标，包括认知功能、攻击行为、抑郁症状、记忆力；感知觉与社会参与占 4 个指标，包括视力、听力、沟通交流、社会参与），失能评定的重度一级、二级、三级分别对应照护的 3 个等级	成都市
苏州市失能等级评估参数表（试行）	由市人社局、民政局、卫生计生委和财政局另行制定，分为中度、重度两个等级	苏州市

资料来源：各试点城市政策文件整理。

注：新增的试点城市中，福建省福州市、贵州省黔西南布依族苗族自治州、甘肃省中甘南自治州和辽宁省盘锦市无实际需要数据，暂不梳理。

三、给付标准

我国各个试点城市按照失能等级确定的标准各不相同。根据照护覆盖人群的不同，待遇的报销额度可分为职工护理和居民护理，例如青岛市和长春市的职工护理报销 90%，居民护理报销 80%。根据护理类型的不同，又分为机构护理和居家护理，机构护理和居家护理的报销比例又有很大的区别，例如广州市机构护理报销 75%，居家护理报销 90%，而齐齐哈尔市机构护理报销 60%，居家护理报销 50%。我国试点城市长期护理保险待遇支付的具体情况见表 4-2。

表 4-2　15 个试点城市长期护理保险给付标准

城市	待遇支付
青岛市	"专护"的待遇是 190 元 / 天，"院护"的待遇是 65 元 / 天，"家护"的待遇是 50 元 / 天，"巡护"的待遇是 2500 元 / 年
南通市	职工医疗护理：重度人群待遇是 60 元 / 天，中度人群待遇是 30 元 / 天； 居家护理：每月 280 ～ 600 元
承德市	机构护理：每人 50 ～ 60 元 / 天；居民护理：每人 40 元 / 天
上海市	养老机构每人每日限额 100 元，基金支付 75%； 医院护理每人每日限额 150 元，基金支付 70%； 非全日制居家护理每人每日限额 40 元，基金支付 100%；全日制居家护理每人每日限额 100 元，基金支付 80%
上饶市	机构护理每人 1080 元 / 月；上门护理每人 900 元 / 月；居家护理每人 450 元 / 月
安庆市	机构护理每人 40 ～ 50 元 / 天；居家护理每人 750 元 / 月
广州市	机构护理报销比例 75%，且每人每天不高于 120 元； 居家护理报销比例 90%，且每人每天不高于 115 元
苏州市	机构护理：中度人群 20 元 /（人·天），重度人群 26 元 /（人·天）； 居家护理：中度人群 25 元（人·天），重度人群 30 元 /（人·天），居家普通护理 40 元 / 时
齐齐哈尔市	医疗机构：每人每日定额 30 元，基金支付 60%； 养老护理机构：每人每日定额 25 元，基金支付 55%； 居家护理：每人每日定额 20 元，基金支付 50%

续表

城市	待遇支付
长春市	养老或护理医疗照护机构不设起付线：参加职工医保的补偿比例为90%，参加居民医保的补偿比例为80%
荆门市	全日制居家护理：每人每日限额100元，基金支付80%，个人承担20%； 非全日制居家护理：每人每日限额40元，基金支付； 养老机构护理：每人每床日限额100元，基金支付75%，个人承担25%； 医院护理：每人每床日限额150元，基金支付70%，个人承担30%
成都市	在机构长期照护，定额支付标准按照失能等级对应照护费用的70%进行确定； 居家长期照护，定额支付标准按照失能等级对应照护费用的75%进行确定
石河子市	自愿选择养老院、护理院等护理服务机构的不设起付线，由长期护理保险基金按70%的比例报销，每月支付限额为750元； 选择居家自行护理或者在非定点养老院、护理院入住的参保人员，将由社保经办机构按25元/日计算、每月750元的标准，将护理保险金直接支付给参保人个人
宁波市	接受专业医疗机构和养老机构护理服务的人员，长期护理保险待遇定额标准为40元/（人·天）
重庆市	属于长期护理保险支付服务项目范围及支付标准以内的费用，不设起付线，由长期护理保险基金按50元/（人·天）的标准结算

资料来源：根据试点城市相关政策整理。

注：宁波和重庆不区分居家护理和机构护理；长春和成都对机构护理和居家护理没有明确的支付标准，只有报销比例。

在新增的试点城市中，护理类型也分为机构护理和居家护理。所有新增的试点城市相同护理类型的报销比例差别不大，机构护理的报销比例在65%～80%，居家护理的报销比例在50%～80%。另外，与第一批的15个试点城市相比，新增试点城市的待遇水平差别较小，很大的原因是基于第一批试点城市的经验，进一步提高了护理的待遇水平，满足了我国失能老人的护理服务需求。我国新增试点城市的长期护理保险待遇支付具体情况见表4-3。

表 4-3 新增试点城市（区）长期护理保险给付标准

城市	待遇支付
北京市石景山区	机构护理服务：90 元 / 天，其中基金支付 70%，个人支付 30%； 机构上门护理：90 元 / 小时，其中基金支付 80%，个人支付 20%，每月服务时间上限为 30 小时； 居家护理服务：60 元 / 小时，其中基金支付 70%，个人支付 30%，每月服务时间上限为 30 小时； 护理服务机构上门服务 12 小时：90 元 / 小时，其中基金支付 80%，个人支付 20%
天津市	机构护理：实行按日定额支付，70 元 / 天，基金支付 70%； 居家护理：实行按月定额支付，2100 元 / 月，基金支付 75%
晋城市	居家护理：1500 元 / 月，基金支付 70%； 机构护理：100 元 / 日，基金支付 70%
呼和浩特市	职工享受的待遇：失能等级为中度的，机构护理为 900 元 / 月，居家护理为 750 元 / 月；失能等级为重度一级的，机构护理为 1200 元 / 月，居家护理为 1050 元 / 月；失能等级为重度二级的，机构护理为 1500 元 / 月，居家护理为 1350 元 / 月；失能等级为重度三级的，机构护理为 1800 元 / 月，居家护理为 1650 元 / 月； 城乡居民享受的待遇：失能等级为中度等级的，享受的待遇为 600 元 / 月；失能等级为重度一级的，待遇为 750 元 / 月；失能等级为重度二级的，待遇为 1050 元 / 月；失能等级为重度三级的，待遇为 1350 元 / 月
盘锦市	长期护理保险基金按比例实行月限额支付，不设起付标准，失能人在护理机构内接受护理的支付比例为 70%，居家接受护理机构上门护理或其他保障服务的支付比例为 80%
开封市	机构护理：基金支付比例为 65%，月支付限额为 1900 元 / 人； 居家上门护理：基金支付比例为 75%，月支付限额为 1500 元 / 人； 居家自主护理：基金月支付限额为 900 元 / 人
湘潭市	医疗机构护理：二级及以上医疗机构限额为 100 元 /（人·天），一级及以下医疗机构限额为 80 元 /（人·天），基金支付 70%，个人支付 30%； 养老机构护理：限额为 50 元 /（人·天），基金支付 70%，个人支付 30%； 机构上门护理：限额为 40 元 /（人·天），基金支付 80%，个人支付 20%； 异地保障：对象因特殊情况需要在异地长期居住，按规定给予 20 元 /（人·天）的小额补助
南宁市	长期护理保险基金支付不设起付标准，由长期护理保险基金按月度支付，支付标准以 2019 年度全区城镇非私营单位和城镇私营单位加权计算的全口径就业人员月平均工资（4926 元）的 50% 确定，由长期护理保险基金和重度失能人员按照规定比例分担支付； 机构上门护理服务：长期护理保险基金按照护理待遇每月限额标准的 75% 支付，另外 25% 由个人支付； 护理服务机构：长期护理保险基金按照护理待遇每月限额标准的 70% 支付，另外 30% 由个人支付； 可选择在居住地接受居家服务或定点机构护理服务（长期护理保险参保人员在自治区内南宁市外居住）：由长期护理保险基金按护理待遇每月限额标准的 60% 支付，另外 40% 由个人支付

续表

城市	待遇支付
汉中市	医疗机构：长期护理保险基金按不超过 1200 元 / 月标准结算； 养老机构：长期护理保险基金按不超过 1100 元 / 月标准结算； 护理服务机构提供的上门护理服务：长期护理保险基金按不超过 800 元 / 月标准结算； 居家接受指定团队人员、亲朋、专人等护理，按不超过 450 元 / 月标准补助
乌鲁木齐市	长期护理保险支付标准以乌鲁木齐市 2018 年最低工资标准的 2 倍作为计发基数，确定计发基数为 2482 元 / 月； 全日制居家护理：按计发基数的 75% 给予补偿（1862 元）； 全日制定点养老机构护理：按计发基数的 70% 给予补偿（1737 元）； 基层定点护理服务机构上门护理：每人每小时限额 40 元，护理人员到保障对象家中提供每日不超过 2 小时的护理服务（每名护理人员的服务对象不超过 3 人），由长期护理保险基金支付 50%，个人支付 50%
昆明市	城镇职工长期护理保险对符合规定的护理服务费用，基金支付水平按国家指导意见的要求控制在 70% 左右，月最高支付限额为 2600 元

资料来源：各试点城市相关政策文件整理。

注：新增的试点城市中，福建省福州市、贵州省黔西南布依族苗族自治州、甘肃省中甘南自治州无实际需要数据，暂不梳理。昆明不区分机构护理和居家护理，统一采用月最高支付限额为 2600 元，基金支付水平为 70%。

四、资金来源

我国第一批 15 个试点城市的长期护理保险筹资渠道也是各不相同，上海市、广州市和宁波市仅仅依靠基金筹资；长春市、安庆市、齐齐哈尔市和重庆市是依靠个人筹资和基金筹资两种渠道；青岛市、南通市、承德市、荆门市、上饶市、成都市和苏州市是依靠个人、基金和政府补助三种渠道；石河子市通过个人、基金、财政、福利彩票和社会捐赠等形式筹资。根据各试点城市经济状况的不同，为应对长期护理基金支出的压力大小，资金筹资的渠道也不同；根据筹资渠道的不同，各个地方的筹资标准也不一样。15 个试点城市的长期护理保险筹资渠道与筹资标准情况见表 4-4。

表 4-4 15 个试点城市长期护理保险筹资渠道与筹资标准

城市	筹资渠道	筹资标准
青岛市	个人、基金、财政	个人：城职个人缴费基数 ×0.2%，个人账户按月代扣； 基金：城职缴费基数总额 ×0.5%，按月划转； 财政：30 元/（人·年）
长春市	个人、基金	个人：城职当月缴费工资基数为标准 ×0.2%； 基金：城职当月缴费工资基数为标准 ×0.3%
南通市	个人、基金、财政	个人：30 元/（人·年）； 基金：30 元/（人·年）； 财政：40 元/（人·年）
承德市	个人、基金、财政	个人：参保人员（含退休）上年度工资的 0.15%； 基金：参保人员（含退休）上年度工资的 0.2%； 财政：参保人员（含退休）上年度工资的 0.05%
荆门市	个人、基金、财政	个人：上年度居民人均可支配收入的 0.4%×37.5%； 基金：上年度居民人均可支配收入的 0.4%×25%； 财政：上年度居民人均可支配收入的 0.4%×37.5%
上海市	基金	单位缴纳基数 ×1%，按季度划转
上饶市	个人、基金、财政	个人：40 元/（人·年）； 基金：30 元/（人·年）； 财政：30 元/（人·年）
安庆市	个人、基金	个人：10 元/（人·年）； 基金：20 元/（人·年）
成都市	个人、基金、财政	个人：40 岁（含）城职缴费基数 ×0.1%（按月），40 岁以上直至退休年龄（不含退休当年）城职缴费基数 ×0.2%（按月），退休人员城职个人账户划入基数 ×0.3%（按月）； 基金：城职缴费基数 ×0.2% 划拨（按月）； 财政：城职退休人员数 × 城职（退休）个人账户划入基数 ×0.1%（按年）
石河子市	个人、基金、财政、福利彩票、社会捐赠	个人：原则上控制在本地社保平均缴费基数或城乡居民可支配收入的 1% 左右； 基金：15 元/（人·月）； 财政：60 岁及以上、重度残疾 40 元/（人·年）； 其他：每年 50 万元，由福彩公益金支付
广州市	基金	130 元/（人·年）
苏州市	个人、基金、财政	个人：个人缴费不高于上年度市常住居民人均可支配收入的 0.2%； 基金：从职工结余 60 元/（人·年）中划转； 财政：50 元/（人·年）
齐齐哈尔市	个人、基金	个人：30 元/（人·年）（无个人账户者从门诊统筹基金中划转）； 基金：城职缴费基数总额 ×0.5%，按月划转
宁波市	基金	城职保累计结余中安排 2000 万作为启动资金
重庆市	个人、基金	个人：90 元/（人·年）； 基金：60 元/（人·年）

资料来源：根据 15 个试点城市相关政策整理。

　　在新增的 14 个试点城市中，长期护理保险筹资渠道主要分为两类：第一类是来自个人和基金两种渠道，包含的城市有天津市、开封市、湘潭市和南宁市；第二类是来源于个人、基金和财政补助三种渠道，包含的城市（区）有北京市石景山区、晋城市、呼和浩特市、盘锦市、汉中市、乌鲁木齐市和昆明市。另外，盘锦市从职工基本医疗保险统筹基金累计结余中一次性安排5000 万元，作为长期护理保险启动资金。有关新增试点城市的基金筹资渠道和筹资标准的具体情况见表 4-5。

表 4-5　新增试点城市（区）长期护理保险筹资渠道与筹资标准

城市	筹资渠道	筹资标准
北京市石景山区	个人、基金、财政	个人:城镇职工、灵活就业人员个人缴费部分 90 元 /（人·年），由个人按年度缴纳； 基金：城镇职工单位缴费部分 90 元 /（人·年），由职工基本医疗保险统筹基金划转； 财政：城乡居民财政缴费部分 90 元 /（人·年），由政府财政补助划转
天津市	个人、基金	基金：单位缴费每人每年 120 元； 个人：个人缴费每人每年 120 元
晋城市	个人、基金、财政	个人：以个人缴纳职工基本医疗保险缴费基数为标准，在职人员以 0.15% 的比例按月从个人账户中划拨，灵活就业人员以 0.3% 的比例每年从个人账户中划拨，退休人员以本人退休工资为基数，以 0.15% 的比例每年从个人账户中划拨； 基金：以用人单位缴纳职工基本医疗保险缴费基数为标准，以 0.15% 的比例按月缴纳； 财政：以退休人员的退休工资为基数，按 0.15% 的比例补助
呼和浩特市	个人、基金、财政	个人：10 元 /（人·年）； 基金：50 元 /（人·年）； 财政：10 元 /（人·年）
盘锦市	个人、基金、财政	个人：在职人员缴费筹资比例为 0.4%，单位缴费和个人缴费各 0.2%，退休人员缴费筹资比例为 0.4%； 基金：职工基本医疗保险统筹累计结余划出和个人缴费各 0.2%； 财政：职工医保身份的医疗救助对象和医改前改制破产企业的退休人员，其个人缴费由医疗救助资金和同级财政资金资助

续表

城市	筹资渠道	筹资标准
开封市	个人、基金	个人：单位缴费部分按照每人 60 元 / 年，从单位缴纳的基本医疗保险费中按月划拨； 基金：每人 60 元 / 年，从医疗保险个人账户中按月扣缴
湘潭市	个人、基金	个人：个人部分以个人基本医疗保险年缴费基数为标准，按 0.12% 的筹资比例由职工基本医疗保险个人账户代扣代缴； 基金：在职人员用人单位缴费部分以基本医疗保险年缴费基数为标准，按 0.12% 的筹资比例缴纳
南宁市	个人、基金	用人单位和参保人员以当期缴纳职工基本医疗保险缴费基数作为长护险缴费基数，按照单位和参保人员同比例分担的规定，缴费比例为 0.3%； 基金：单位承担 0.15% 的缴费比例； 个人：在职职工承担 0.15% 的缴费比例
汉中市	个人、基金、财政	个人：50 元 /（人·年）； 基金：30 元 /（人·年）； 财政：20 元 /（人·年）
乌鲁木齐市	个人、基金、财政	个人：按每人每年 30 元标准按月缴纳； 基金：医保统筹基金每人每年 50 元； 财政：财政补助每人每年 20 元
昆明市	个人、基金、财政	个人：在职人员缴纳筹资比例为基本医疗保险缴费基数的 0.2%； 基金：单位缴纳筹资比例为基本医疗保险缴费基数的 0.2%； 财政：按退休人员医疗保险个人账户划账基数的 0.2% 进行缴费补助

资料来源：各试点城市相关政策文件整理。

注：新增的试点城市中，福建省福州市、贵州省黔西南布依族苗族自治州、甘肃省中甘南自治州无实际需要数据，暂不梳理。

第二节　我国长期护理保险支出费用预测

一、分析框架

长期护理保险基金筹资与支出采用的是现收现付制的管理方式，其长期财务趋势变动受到基金支出规模和收入能力制约的影响。长期护理保险的基金要保持收支平衡，理论上是可以通过调整缴筹资比例来实现其基金收支的平衡，但是人口老龄化的快速发展，现收现付制已经不适应基金的供养。这是由于长期护理受益人的持续增长快于缴费的人数增加，这就造成了缴筹资比例不断攀升，导致财政的长期压力。长期护理基金支出的规模取决于受益的人数和给付的标准。影响长期护理保险费用产生的因素与养老保险和医疗保险不同，既不是取决于年龄的增长也不是按疾病类型的划分，而是对于"失能"的判断。所以，失能的鉴定和护理等级的评定标准决定了受益人的数量，进而决定基金的支出规模。简而言之，解决我国长期护理保险基金支出问题的关键，就在于对失能的鉴定和护理等级的评定。

本研究对于长期护理支出费用的推算框架如图 4-1 所示，采用的是自下而上的计算流程。一方面，首先从 2018 年我国养老与健康追踪调查（CHARLS）数据测算出我国老年人的失能率，然后通过灰色系统预测法 GM（1，1）预测我国 2022—2035 年 65 岁以上老年人口数，最后得出我国长期护理保险的失能人数（受益人数）。另一方面，通过官方统计网站的数据，获取受益人失能等级的占比和受益人不同护理类型的分布。综合这两方面的数据资料便可推算出长期护理基金的支出，以及未来我国长期护理保险的总费用。

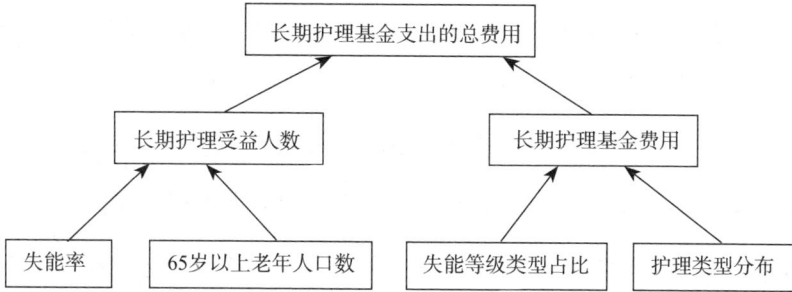

图 4-1　长期护理基金支出总费用的分析框架

二、模型建构

影响长期护理保险基金支出的因素有两大类：一是制度内因素，包括不同年龄人口的失能风险，享受长期护理保险待遇的失能人数以及待遇水平；二是制度外因素，包括人口的结构和照护服务的使用成本。在本研究中，把制度内的操作因素化为"老年人口失能率""各失能等级的受益人数的占比"和"各失能等级基金待遇"等参数，制度外的操作因素化为"65 岁以上老年人口数"等参数。具体模型及相应参数如下：

长期护理保险基金的费用支出模型

$$\text{TE}(t) = \sum_{i=1}^{m=1} \sum_{j=1}^{h} I(t) \times S_i(t) \times F_{ij}(t) \times C_{ij}(t) \qquad （模型4-1）$$

其中，$\text{TE}(t)$ 表示第 t 年护理费用支出总额，$I(t)$ 为第 t 年的老年人口数，$S_i(t)$ 为老年人中各失能等级概率，$F_{ij}(t)$ 为失能等级为 i 的老年人选择 j 类护理方式的比例，$C_{ij}(t)$ 为第 t 年失能等级为 i 的老年人选择 j 类护理方式所需的成本。

三、方案设定

长期护理保险在全国试点城市开展得如火如荼，基于每个试点城市的实际情况的差异性，试点方案也各不相同。自 2016 年长期护理保险试点开展，其中表现较为突出的是青岛市、南通市、苏州市和广州市四个试点城市，青岛市作为长期护理保险的先行城市，而南通市和苏州市又是长期护理保险效果明显的试点城市，广州市则作为一线经济发达城市中的典型代表，这四个试点城市的护理基金支出方案设定各不相同。青岛市的长期护理保险支出方案中，护理类型、失能等级的划分与南通市、苏州市和广州市有所区别：青岛市的护理类型分为专护、院护、家护和巡护四种，南通市、苏州市和广州市仅将护理类型划分为机构护理和居家护理。另外，南通市、苏州市和广州市虽然护理类型的分类是一样的，但是南通市和苏州市的失能等级划分为中度失能和重度失能，广州则只划分了重度失能。具体的长期护理保险基金支出设定情况见表 4-6。

表 4-6　长期护理保险基金支出方案设定

方案	失能划分	护理类型
青岛市方案	轻度、中度和重度	专护、院护、家护和巡护
南通市方案	中度和重度	机构护理和居家护理
苏州市方案		
广州市方案	重度	

四、我国长期护理保险的典型城市实践

（一）青岛市：长期护理保险先行城市

1. 人口经济发展状况

青岛市是老龄化、老年空巢化快速发展的代表城市之一。在 2019 年，青岛市 60 岁以上的老年人达到 183.5 万人，老龄化率达到 22%，其中 30 多万老人需要长期护理服务。养老服务需求的快速变化和老年人口结构的变化，使推进和发展长期护理保险迫在眉睫。2016 年，青岛市成为国家长期护理保险试点城市。2019 年，长期护理保险已为青岛市 6 万余名完全残疾和重度失能患者投保，累计支付护理费用 17 亿元。2019 年 8 月，青岛市出台《关于开展长期护理保险延缓失能失智工作的意见（试行）》，进一步推动了发展和完善长期护理保险，以探索国家失能失智保障机制的建立，保障人群包括轻中度残疾、痴呆疾病及高危人群。

青岛市财政支出积极发力，公共卫生和住房保障支出分别增长 68.1%、29.7%，社会保障和就业支出增长 14.6%，达到 223 亿元。全市居民人均可支配收入 47156 元，比上年增长了 3.7%。城镇居民人均可支配收入 55905 元，增长了 2.6%；农村居民人均可支配收入 23656 元。截至 2020 年底，全市城镇最低生活保障人数 18919 人，城镇居民最低生活保障费用 18335 万元。

2. 长期护理保险基本状况

为积极应对人口老龄化，满足失能失智人员的基本照护需求，青岛市积极推动长期护理保险的发展与完善。青岛市长期护理保险保障对象为因年老、疾病、伤残等导致丧失自理能力的完全失能人员和重度失智人员，功能是为其提供基本的生活照料，以及与基本生活密切相关的医疗护理服务或者资金保障；为半失能人员、轻中度失智人员和高危人群提供身体功能维护等训练

和指导，延缓失能失智的状况。

2018 年，青岛市要求建立全人全责护理服务模式和无缝衔接的护理服务保障机制，为失能失智人员提供及时、连续的整合式照护服务。根据失能人员多样化的照护需求，确定以下服务形式：①专护，由开设医疗专护区的护理服务机构提供长期在院照护服务；②院护，由开设医养院护区的护理服务机构提供长期在院照护服务；③家护，由护理服务机构照护人员通过上门形式，提供长期居家照护服务；④巡护，由护理服务机构（含一体化管理村卫生室）的照护人员通过上门形式，提供巡诊照护服务。

有关参保职工可申办的服务形式包括：一档缴费，成年居民、少年儿童和大学生可申办专护、院护和巡护的服务形式；二档缴费，成年居民可申办巡护的服务形式。另外，参保人按以下标准享受护理保险待遇：①参保职工发生的符合规定的基本生活照料和与基本生活密切相关的医疗护理费用，报销比例为 90%；②参保居民发生的符合规定的医疗护理费用，其中一档缴费成年居民、少年儿童和大学生报销比例为 80%，二档缴费成年居民报销比例为 70%。

3. 实施运行状况

截至 2021 年 1 月，青岛市定点护理服务机构有 862 个，共有 10 个区域承担长期护理保险业务服务机构，其中市北区有 289 家护理服务机构参与，占总数的 33.5%，莱西市有 13 家护理机构参与，仅占总数的 1.5%。青岛市长期护理保险的服务形式包括专护、院护、家护和巡护四种，所有的定点护理服务机构并不是都能提供这四项服务。其中，提供"家护"服务的机构有 752 家，提供"巡护"服务的机构有 840 家，提供"院护"服务的机构有 152 家，提供"专护"服务的机构仅有 28 家。所有这些机构中包含四项服务的只有 2 家，大多数机构只承担其中一项或者两项服务。

（二）南通市、苏州市：长期护理保险效果明显城市

1. 人口经济发展状况

江苏省 2021 年发布了老年人口状况报告，其中 60 岁及以上常住老年人口 1850.53 万，占总人口比例 21.84%。南通市在 1982 年就已经是我国最早进入人口老龄化社会的地区之一，且在整个江苏省其人口老龄化程度也是在最高水平。除了南通市，苏州市、镇江市和无锡市的人口老龄化率也都超过 25%。江苏省南通市是继上海市之后，人口老龄化率超过 30% 的又一个城市。

根据第七次全国人口普查数据，江苏省 60 岁及以上常住老年人口 1850.53 万，占总人口比例为 21.84%，高于全国 3.14 个百分点；其中，65 岁及以上常住老年人口 1372.65 万人，占总人口比例为 16.20%，高于全国 2.7 个百分点。与 2010 年江苏省第六次全国人口普查相比，60 岁及以上人口的比重上升 5.85 个百分点，65 岁及以上人口的比重上升 5.32 个百分点。老龄化程度不断加深，老年人抚养比不断攀升，达 23.61%，高于全国 3.91 个百分点；高龄长寿老年人越来越多，百岁老人有 7763 人；老龄化程度地区化差异明显，老龄化率最高的南通市比最低的苏州市高出 13.05 个百分点；老年人口女多男少持续凸显，寿龄越高，女性老年人口所占比重越大。

另一个问题，则是医疗压力的不断增加。江苏省参与抽样调查数据显示，老年人患慢性疾病的比例为 77.4%，患有三种及以上慢性病的老年人比例为 17.7%。其中，27.4% 的老年人视力状况不理想，24.9% 的老年人听力对生活有影响，40.2% 的老年人表示牙齿状况对进食造成影响，还有 27% 的老年人有不同程度的焦虑、抑郁等心理障碍。

此外，空巢老年人比例高达 55.3%。在有子女的老人中，9% 的老人有子女居住在省外。可以看出，目前江苏省的老年健康服务供给、上门健康服务

仍然不足。江苏省卫生健康委老龄健康处处长赵恒松对媒体表示，江苏省失能、失智、半失能老人超过 130 万。按照标准，每 3 个人要 1 名护理员，应该有 40 多万名护理员，"但目前真正从事护理工作的只有 4.5 万人，其中大多数都是不具备医疗护理知识的"。

2019 年，随着经济的增长，南通市居民的收入体现出稳步增长。全体居民人均可支配收入 42608 元，比 2018 年增长 5.7%。在社会保障方面，2020 年末全市企业职工基本养老保险参保人数 173.7 万人；城乡居民养老保险参保人数 133.28 万人。全市参加基本医疗保险人数达 728.69 万人；其中，参加职工基本医疗保险人数 238.83 万人；参加城乡居民基本医疗保险人数 489.86 万人。另外，养老机构 302 家，养老机构床位数 57104 张，分别比 2018 年增加 53 家养老机构和 5595 张床位数。

根据经济和社会发展公报抽样调查，苏州市居民的收入稳定增长，常住居民人均可支配收入 70966 元。随着社会保障水平的进一步提高，全市最低工资标准为 2020 元 / 月，市区城乡居民基础养老金标准分别提高至每人每月 550 元、410 元，城乡最低生活保障标准提高至每人每月 1045 元。2020 年末，全市基本养老保险缴费人数 569.1 万人，城镇职工基本医疗保险参保人数 783.03 万人；全年新增养老机构床位 1389 张、日间照料中心 286 家。2019 年末全市共有各类社会服务机构 177 家，其中养老服务机构 161 家、儿童服务机构 10 家。

2. 长期护理保险基本状况

（1）南通市

南通市作为江苏省最早的试点城市，早于 2016 年 1 月 1 日起建立并实施基本照护保险制度。南通市早在一开始就将全体城乡居民纳入长期护理保险覆盖范围，保障的群体不仅仅局限于城职工。在保障对象方面，通过评估鉴定符合一定标准（中度或重度失能），生活不能自理、需要长期照护的参保人员纳入保障范围。在筹资机制方面，建立了政府补助、医保统筹基金、个人缴费相结合的多渠道筹资机制。截至 2019 年年底，南通市已有 730 万人且全面实现长期护理保险的全覆盖，全市享受待遇的人数达到 2.6 万人。

另外，南通市还创新性地将医疗辅助器具也纳入长期护理保险支付服务范围内。通过失能人员的辅具适配评估，如果符合条件就按照年度限额执行，其中重度 8000 元、中度 6000 元，再按照基金和个人 8 : 2 的比例就可进行租赁或者购买辅助器具。为了让更多的老年人过上舒适体面的生活，南通市的养老保险提出了国家购买服务的方式，这就出现了社会资本对养老服务业的投资，养老保险每月给参保老人补贴 2100 元，老人同时还可以享受医疗福利。

南通照护保险的特色和重点项目是居家上门服务。居家失能人员除了可以享受 450 元 / 月的照护津贴之外，还可以享受专业照护公司提供的上门服务。上门服务的内容包括洗头洗澡、口腔清理、血压血糖测量、褥疮护理等 30 多项护理服务内容，而且其服务费用是由照护保险基金会支付。另外，为保障居家上门服务全过程操作的合理性以及便利性，南通市在 2017 年就开发出照护 App，让南通市民可以在手机上完成居家上门服务，即一键预约服务。

（2）苏州市

2017 年 6 月，苏州市也开始试点长期护理保险，并从 2020 年 4 月 1 日起，开启长期护理保险服务的第二阶段。进入新的阶段，长期护理保险增加了服务时长，扩大了覆盖人群。

首先，提高待遇享受标准。机构护理待遇标准由每日 20 ～ 26 元提高至 23 ～ 30 元，提高了 15%。居家护理的服务项目以往更多是侧重于生活照料服务，随着服务升级，苏州市鼓励定点居家护理机构提供上门医疗护理服务，进一步细化生活护理、医疗护理待遇。

其次，完善失能评估标准。按照公开、公正、公平的原则，以需求为导向，完善失能等级评估办法和标准，对提出评估需求申请的参保人员进行疾病状况、自理能力等失能程度综合评估，稳步扩大长期护理保险待遇享受的覆盖面。重度失能评分区间为 0 ～ 51 分，中度失能评分区间为 52 ～ 100 分，轻度失能评分区间为 101 ～ 169 分，正常为 170 分。

再次，探索居家医疗护理工作。结合全市医疗护理员培训和规范管理推进情况，鼓励定点居家护理机构提供居家医疗护理服务，细化生活护理、医疗护理待遇，探索开展居家医疗护理工作。其中，医疗护理员服务为每小时 50 元，长期护理保险支付 47.5 元，参保人员个人承担 2.5 元，而实时救助人员费用由长期护理保险基金全额支付。

最后，合理调整筹资水平。长期护理保险坚持以收定支、收支平衡、略有结余的原则筹集。根据长期护理保险实际运行情况，综合考虑待遇提高水平，职工基本医疗保险统筹基金结余按每人每年 60 元划转，城乡居民基本医疗保险统筹基金结余按每人每年 30 元划转。更大的亮点在于，试点第二阶段财政补助暂免，长期护理保险基金如果出现支付不足时，就由财政给予补助。

3. 实施运行状况

南通市长期护理保险的实施带来以下优势：第一，有利于生活照料与医疗护理的对接，实现照料护理与疾病治疗的无缝对接。南通全市 700 多万参保人员中，享受待遇人数 25727 人，其中居家 21640 人，入住护理院 3296 人，入住养老院 791 人。其中，16% 的失能人员入住照护机构、护理院、养老院、医院的照护病区；另外的 84% 失能人员选择居家护理。第二，有利于促进养老行业规范经营和能力提升，催生和拉动了照护服务机构的迅速发展。全市照护保险定点服务机构从 2016 年初的 6 家增加到 2020 年的 254 家，投资总额超 23.6 亿元。③有利于提高医保基金的使用效率。制度实施 5 年来，医疗资源得到合理利用，在照护机构的失能人员中，有 19% 是从医疗机构迁入照护机构的；护理院、养老院次均医疗费用只有 745 元，而医疗机构次均医疗费用高达 18436 元，节约了医药费用 2.69 亿元。

截至 2020 年，苏州市区长期护理保险住院服务机构有 36 家，居家护理服务机构有 15 家。其中，入住机构护理服务项目包含 10 项内容，具体包括：安全护理、早晚剪指／趾甲与洗头护理、辅助进食／水、叮嘱吃药、温水擦浴／沐浴、给予排泄护理、安排日常活动、生活自理能力训练、协助翻身叩背／排痰和皮肤外用药的涂擦。入住机构的参保人员护理服务费用由长期护理保险基金与定点护理服务机构按定额结算，其中护理重度失能人员为每天 30 元，护理中度失能人员为每天 23 元。

苏州市区自 2017 年 10 月 1 日起，正式受理失能等级评估申请，服务对象主要为入住机构护理的参保人员。运行的 10 个月期间，市区范围共计受理失能等级评估申请 4527 人次，其中上门评估 4449 人次；符合享受长期护理保险待遇人数为 3973 人，其中重度失能为 3209 人，中度失能为 764 人；市区范围支付长期护理保险待遇护理费用共计 1675.79 万元 [1]。

（三）广州市：长期护理保险实践的典型代表城市

1. 人口经济发展状况

广州市老龄化程度高，老城区早已进入中度老龄化社会。截至 2020 年底，广州市户籍老年人口（60 岁以上）180.6 万，占户籍人口 18.3%。如果按

---

[1]　资料来源：https://www.sohu.com/a/243821592_627624.

照老龄化率划分，人口老龄化率超过 20%，即进入中度老龄化。在 2018 年，广州市就有 3 个区进入中度老龄化，而且老年人口数为 10 万～20 万人的区有 5 个。

2020 年末，广州市参加基本养老保险 961.40 万人；参加失业保险 691.82 万人；全年领取失业保险待遇人数为 15.46 万人，增长 16.15%；参加工伤保险 682.93 万人，下降 6.74%；参加社会医疗保险 1348.14 万人，增长 3.53%。医疗保险基金收入 613.07 亿元，减少 4.78%；年末医疗保基金累计结余 1315.10 亿元，增长 10.94%。

广州市作为国家长期护理保险制度的首批试点城市，长期护理保险应从服务行为、待遇资格、协议定点三个方面推动建立长期护理服务管理机制，并探索建立既能保障长期失能人员的基本生活照料，又可提供基本医疗护理服务的社会保险制度。

2. 长期护理保险的基本状况

2020 年 1 月 1 日之后，广州的长期护理保险发生了重大变化，新增了 18 岁以上的城市和农村居民群体为护理保障对象。在筹资体制和标准上，建立了单一支付、个人支付、金融支持等多元化的筹资机制。加入护理保险的投保人每月从员工疾病保险所属疾病基金中扣缴，个人缴费每月从员工个人账户中扣除。护理保障范围将扩大到所有有护理需求的群体，而不仅仅局限于重度失能人员。具体标准如表 4-7 所示。

表 4-7 广州市长期护理保险保障标准

| 人群 | | 生活照料待遇 | | | | 医疗护理待遇 | | 设备使用待遇 |
| | | 机构护理 | | 居家护理 | | | | |
		纳入支付范围标准（元）	支付比例（%）	纳入支付范围标准（元）	支付比例（%）	基金最高支付标准（元·月）	纳入支付范围标准（元·月）	支付比例（%）
三级	职工	120/天	75	105/天	90	1000	300	90
	居民	60/天	70	50/天	85	500	200	90
二级	职工	30/天	75	900/月	90	500	200	85
	居民	15/天	70	450/月	85	250	150	85
一级	职工	300/月	75	300/月	90	无	100	80
	居民	200/月	70	200/月	85		100	80

资料来源：https：//m.gmw.cn/2021-01/01/content_1301993829.htm?ivk_sa ＝ 1024320u.

3. 实施运行状况

2018 年，广州市共有城乡社区居家养老服务机构 3909 家，与 2017 年相比增加了 116 家；日间照料场所床位 3852 张，比 2017 年床位数增加了 150 张；拥有日间照料场所的居委会 1565 个，拥有日间照料场所的村委会 1144 个。其中，养老机构有 189 家，公办养老机构 59 家，民办养老机构 130 家，共有养老机构床位 65403 张，公办养老机构床位 19966 张，民办养老机构床位 45437 张。也就是说，每 1000 名老年人拥有的养老床位数是 40 张。

广州市建立市医养结合工作联席会议制度，积极推进医养结合试点。全市居家老年人家庭医生签约服务人群覆盖率为 65.74%，65 周岁以上老年人健康管理率为 42.11%；二级以上综合医院设老年病科 55 家，占比为 40.4%；具有医养结合服务功能的养老机构覆盖率达 85% 以上。全市 107 个街镇建立医养服务合作关系，为 248 家社区居家服务机构提供医疗卫生服务。积极探索医养结合创新，开展了"智慧健康养老"医养结合服务模式，为社区居家老年人提供持续、就近、便捷的医疗评估、诊疗护理和健康咨询服务。

五、测算过程与结果预测

（一）人口基数及相关参数

灰色预测模型的优点：不需要大量的样本，本章对于人口预测没有用到大量的数据；样本不需要有规律性分布，即样本数据可以是递增的，也可以是递减的；模型计算的工作量小；可用于最近、短期、中长期的预测；准确度较高，可以保证预测数据的精确度。

人口预测上根据 GM（1，1）模型[①] 的建模机理，基期人口采用我国 65 岁以上老年人口数量与老年人口所占比重，建立了我国 65 岁以上老年人口数量与老年人口所占比重的灰色预测模型，利用模型预测得出 2022—2035 年我国 65 岁以上老年人口数量。我国基期人口、预测过程和结果如表 4-8 和表 4-9 所示。

表 4-8　2012—2019 年我国 65 岁以上的老年人口数量及老年人口所占比重

年份	2012	2013	2014	2015	2016	2017	2018	2019
人口数 / 万人	12714	13161	13755	14386	15003	15831	16658	17603
老年人口占总人口比重 /%	9.4	9.7	10.1	10.5	10.8	11.4	11.9	12.6

资料来源：国家统计局。

灰色预测模型的基本建模过程如下，将已知的数据列即原始数据列 $x^{(0)}(k)$ 做一次累加，生成序列数据 $x^{(1)}(k)$

[①] 灰色系统预测理论是用于研究数据量少、信息贫瘠的不确定问题的理论方法。灰色预测模型 GM（1，1）是灰色系统理论的核心内容，可以通过模型来预测未知数据。本研究由于缺乏计算所需的庞大数据，故使用 GM（1，1）进行预测。

$$x^{(0)}(k) = \{x^{(0)}(1), x^{(0)}(2), \cdots, x^{(0)}(n)\} \quad (4\text{-}1)$$

$$x^{(1)}(k) = \{x^{(1)}(1), x^{(1)}(2), \cdots, x^{(1)}(n)\} \quad (4\text{-}2)$$

其相应微分方程为

$$\frac{dy^{(1)}}{dy} + ax^{(1)} = u \quad (4\text{-}3)$$

式（4-3）中 a、u 为待辨识常数，â 称为待识别参数向量，$\hat{a} = [a, u]^T$，其中 $\hat{a} = (B^TB)^{-1}B^TY$

时间响应函数为

$$\hat{x}^{(1)}(k+1) = \left(x^{(1)}(0) - \frac{u}{a}\right)e^{-ak} + \frac{u}{a} \quad (4\text{-}4)$$

$$\hat{x}^{(0)}(k) = \hat{x}^1(k) - \hat{x}^1(k\text{-}1) \quad (4\text{-}5)$$

利用公式（4-5）还原计算出 $x^0(k)$

$$x^{(0)}(t) = (12714, 13161, 13755, 14386, 15003, 15831, 16658, 17603)$$

按照上述 GM（1，1）模型，编制计算机程序得到：$\hat{a} = [a, u]^T =$ [-0.048625103，12137.50627]^T 相应的 GM（1，1）指数响应预测模型为

$$\begin{cases} \hat{x}^{(1)}(t+1) = 3860.314e^{0.031939667t} - 3135.3 \\ \hat{x}^{(0)}(t) = \hat{x}^{(1)}(t) - \hat{x}^{(1)}(t\text{-}1) \end{cases}$$

将 $t = \{1, 2, 3, 4, 5, 6, \cdots, 16\}$，代入老年人口数量预测模型，推算出我国 2022—2035 年 65 岁以上老年人口数量预测值（如表 4-9 所示）。

表 4-9　我国 2022—2035 年 65 岁以上老年人口预测

单位：万人

年份	65 岁以上老年人口	年份	65 岁以上老年人口
2022	20247.21	2029	28456.97
2023	21256.07	2030	29874.88
2024	22315.19	2031	31363.45
2025	23427.08	2032	32926.19
2026	24594.37	2033	34566.79
2027	25819.83	2034	36289.14
2028	27106.35	2035	38097.31

资料来源：根据人口预测公式计算而来。

（二）失能率

老年人失能的判定标准影响老年人长期护理成本以及规模的测算。有关我国老龄人口的失能率没有统一的标准。其中，第一类说法认为，我国老年人的失能发生率在 15% ~ 20%，老年人失能人数超过 4000 万；第二类说法认为，我国 65 岁及以上老年人口的失能率在 3% ~ 10%，失能人数在 1000 万~ 1500 万。

本研究以 2018 年"中国老年健康与养老跟踪调查"（CHARLS）数据作为失能率调查样本，其项目中采用 12 项基本日常活动（穿衣、洗澡、吃饭、上下床、上厕所、控制大小便、做家务、做饭、买东西、拨打电话、吃药和管钱）是否存在困难，对老年被访者的基本生活自理能力进行评估。问卷选项使用的是四级测量：没有困难、有困难但仍可完成、有困难且需要帮助和无法完成。运用 Stata 16.0 软件将四级测量的前后两级分别合并，第一二级设置为"未失能"，第三四级设置为"失能"。

根据青岛方案中将失能率划分为轻度、中度和重度，具体设置是 12 项中有 1 ～ 4 项失能则为轻度失能，5 ～ 8 项失能则为中度失能，9 ～ 12 项失能则为重度失能。在南通市和苏州市的方案中，将失能情况分为中度失能和重度失能，具体设置是 12 项中有 1 ～ 6 项失能则为中度失能，7 ～ 12 项失能则为重度失能。广州对于失能评估只划分了重度失能，所以在之后的运算中用的是总失能率即 17.4%。这些具体的设定情况见表 4–10、表 4–11 所示。

表 4–10　根据 2018 年专项调查数据估算的老年人口失能率（青岛方案）

单位：%

调查项目	问题设置	轻度失能	中度失能	重度失能	合计
中国健康与养老跟踪调查（CHARLS）	目前是否完成下面的一些日常行为有困难？穿衣、洗澡、吃饭、上下床、上厕所、大小便、做家务、做饭、买东西、管钱、吃药、拨打电话	14	2.3	1.1	17.4

资料来源：作者根据调查的原始数据加权汇总后所得。

表 4–11　根据 2018 年专项调查数据估算的老年人口失能率（南通、苏州方案）

单位：%

调查项目	问题设置	中度失能	重度失能	合计
中国健康与养老跟踪调查（CHARLS）	目前是否完成下面的一些日常行为有困难？穿衣、洗澡、吃饭、上下床、上厕所、大小便、做家务、做饭、买东西、管钱、吃药、拨打电话	15.5	1.9	17.4

资料来源：作者根据调查的原始数据加权汇总后所得。

（三）失能等级评估

青岛市根据《日常生活活动能力评定量表》规定，长期护理保险收益人分为不同的失能等级，评估等级分为零级、一级、二级、三级、四级、五级等六个级别，对应国家民政行业标准《老年人能力评估》，零级为能力完好，一级对应轻度失能，二三级对应中度失能，四五级对应重度失能。在有关青岛市的测算模型中，仅考虑三至五的失能等级。

南通市根据《日常生活活动能力评定量表》进行逐项评分，40 分及以下为重度失能人员，41 ～ 50 分为中度失能人员。2020 年 1 月 20 日，苏州市人民政府印发了《关于开展长期护理保险试点第二阶段工作的实施意见的通知》（苏府〔2020〕10 号），强调以需求为导向，完善失能等级评估办法和标准，稳步扩大长期护理保险待遇享受的覆盖面，重度失能评分区间为 0 ～ 51 分，中度失能评分区间为 52 ～ 100 分，轻度失能评分区间为 101 ～ 169 分，正常为 170 分。

广州市根据《广州市长期护理保险失能评估表》评分，40 分及以下为重度失能人员，享受长期护理保险待遇。

（四）护理类型分布

青岛市对于长期护理保险的护理服务形式有四类：专护、院护、家护、巡护。南通市、苏州市和广州市则把护理类型主要分为机构护理和居家护理两大类。其中，护理类型对基金支出造成的影响取决于：第一，长期护理保险制度的评估标准；第二，参保人属于哪个失能等级；第三，参保人对于照护类型的选择与分布情况。

青岛市按照《日常生活活动能力评定量表》评分，将失能等级分为三至五级，但是在接下来的计算中，为了方便运算，将失能等级的三至五级转换成轻度、中度和重度，护理类型还是专护、院护、家护和巡护四类。孙凌雪根据青岛市 2012—2017 年长期护理保险数据，测算了不同的失能人群在四种护理类型之间的分布情况：失能三级人员中，专护占比为 0，院护占比 20%，家护占比 25%，巡护占比 20%；失能四级人员中，专护占比为 0，院护占比 30%，家护占比 45%，巡护占比 40%；失能五级人员中，专护占比 100%，院护占比 50%，家护占比 30%，巡护占比 40%[①]。

再根据失能等级的不同，测算出青岛市专护、院护、家护和巡护占不同失能等级的比例是多少。在轻度失能群体中，专护人数占比为 0，院护人数占比为 30%，家护人数占比为 40%，巡护人数占比为 30%；在中度失能群体中，专护人数占比为 0，院护人数占比为 25%，家护人数占比为 40%，巡护人数占比为 35%；在重度失能群体中，专护人数占比为 45%，院护人数占比为 20%，家护人数占比为 15%，巡护人数占比为 20%。具体的各失能等级受益人护理在不同护理类型的占比情况见表 4-12。

表 4-12　青岛市各失能等级受益人护理类型占比

单位：%

失能等级	各失能等级受益人数占比			
	专护	院护	家护	巡护
轻度	0	30	40	30
中度	0	25	40	35
重度	45	20	15	20

资料来源：青岛市统计年鉴、青岛的试点文件。各年龄组失能发生率由中国健康与养老追踪调查数据（CHARLS）计算得出。青岛的各失能等级受益人占比数据来自孙凌雪等人的文章《我国长期护理保险基金支出可持续性研究——以青岛市为例》[②]。各失能等级基金支出设定是根据上述数据计算得出。

注：青岛方案按照《日常生活活动能力评定量表》评分，将失能等级分为三至五级，按照护的服务地点分为四种情况：专护、院护、家护和巡护。

---

① 孙凌雪，冯广刚，米红.我国长期护理保险基金支出可持续性研究:以青岛市为例［J］.东岳论丛，2020，41（5）：52-62.

② 孙凌雪，冯广刚，米红.我国长期护理保险基金支出可持续性研究:以青岛市为例［J］.东岳论丛，2020，41（5）：52-62.

　　南通市按照《日常生活活动能力评定量表》评分细则，将失能等级分为中度失能和重度失能，按护理的服务地点分为两种情况：机构护理和居家护理。其中，职工医疗护理又进一步分为重度人群待遇和中度人群待遇，重度人群待遇是 60 元 / 天，中度人群待遇是 30 元 / 天；居家护理则采取统一的待遇水平，即每月 280 ～ 600 元，实际待遇情况根据受益人失能程度而定。苏州市划分得更为清楚，在中度失能群体中，机构护理待遇标准为 20 元 /（人·天），居家护理待遇标准为 25 元 /（人·天）；在重度失能群体中，机构护理待遇标准为 26 元 /（人·天），居家护理待遇标准为 30 元 /（人·天），另外，居家普通护理为 40 元 / 时。

　　在下文中，为了方便计算，设定南通市和苏州市中度失能群体的机构护理与居家护理的人数占比为 2∶8，重度失能群体的机构护理与居家护理的人数占比为 8∶2，如表 4-13。

表 4-13　南通市各失能等级受益人护理类型人数占比（南通、苏州方案）

单位：%

失能等级	各失能等级受益人数占比	
	机构护理	居家护理
中度	2	8
重度	8	2

　　资料来源：南通市、苏州市的统计年鉴，南通市、苏州市的试点文件。各年龄组失能发生率由中国健康与养老追踪调查数据（CHARLS）计算得出。

　　注：南通方案按照《日常生活活动能力评定量表》评分，将失能等级分为中度和重度，按照护的服务地点分为两种情况：机构护理和居家护理。南通的各失能等级受益人占比数据来自相关网页搜索。

广州市将长期护理保险等级划分为长护一级、长护二级和长护三级，但是失能评估还是根据《日常生活活动能力评定量表》评分低于 40 分为重度失能的统一标准。由于广州市长期护理失能评估的标准统一设定为重度失能，其机构护理的待遇是 120 元 / 天，基金支付报销比例为 75%；居家护理的待遇是 115 元 / 天，基金支付报销比例为 90%。另外，根据网页搜索得知，在统一的重度失能群体下，居家护理和机构护理的人数占比为 3 : 7。如表 4-14 所示。

表 4-14 广州各失能等级受益人护理类型占比（广州方案）

失能等级	受益人数占比	
	居家护理	机构护理
重度	3	7

注：居家护理与机构护理的比例 3 : 7 是根据百度搜索数据总结而来。

（五）基金支出测算设定

在进行基金测算时，针对护理方式及护理费用的不同，对所用的各个参数根据相关政策进行设定和计算，青岛、南通、苏州和广州四种方案具体参数设定见表 4-15。

根据前文内容可知，青岛市长期护理保险护理内容包括家护、院护、专护和巡护四类，失能等级划分为三级、四级和五级。其中，三级和四级失能人员只享受院护、家护和巡护的待遇，五级失能人员享受专护、家护和巡护的待遇。三级院护享受的生活照料待遇为 660 元 / 月，基金支付 90%；三级家护和巡护享受的生活照料待遇是每周 3 小时，每小时 50 元，基金支付 90%；四级院护享受的生活照料待遇是 1050 元 / 月，基金支付 90%；四级家护和巡护享受的生活照料待遇是每周 5 小时，每小时 50 元，基金支付 90%；

五级专护享受的生活照料待遇 1500 元 / 月，基金支付 90%；五级家护和巡护享受的生活照料待遇是每周 7 小时，每小时 50 元，基金支付 90%。如表 4-15 所示。

表 4-15　青岛市基金支出相关参数设定（青岛方案）

符号	指标	设定 /（元·年）
专护	专护待遇（195 元 / 天 ×26.8 天 / 月 ×12 月 / 年）	62712
院护	院护待遇（65 元 / 天 ×26.8 天 / 月 ×12 月 / 年）	20904
家护	家护待遇（50 元 / 天 ×26.1 天 / 月 ×12 月 / 年）	15660
巡护	巡护平均待遇	2066
五级专护	五级专护生活照料待遇（1500 元 / 月 ×90%×12 月 / 年）	16200
三级院护	三级院护生活照料待遇（660 元 / 月 ×90%×12 月 / 年）	7128
四级院护	四级院护生活照料待遇（1050 元 / 月 ×90%×12 月 / 年）	11340
三级家护，三级巡护	三级家护、三级巡护生活照料待遇（3 时 / 周 ×50 元 / 时 ×90%×52 周）	7020
四级家护，四级巡护	四级家护、四级巡护生活照料待遇（5 时 / 周 ×50 元 / 时 ×90%×52 周）	11700
五级家护，五级巡护	五级家护、五级巡护生活照料待遇（7 时 / 周 ×50 元 / 时 ×90%×52 周）	16380

资料来源：青岛市统计年鉴，青岛的试点文件。各年龄组失能发生率由中国健康与养老追踪调查数据（CHARLS）计算得出。

根据前文可知，南通市长期护理保险失能等级划分为中度失能和重度失能，护理方式分为机构护理和居家护理，其中机构护理包括医疗机构和养老机构，进一步又可分为中度机构护理待遇和重度机构护理待遇。所以，南通市机构护理包括医疗机构和养老机构。其中，医疗机构重度失能为 70 元 /（人·天），中度失能按照 30 元 /（人·天）的标准；养老机构重度失能为 50 元 /（人·天），中度失能按照 30 元 /（人·天）的标准。在本研究设定中，机构护理中度失能按照 30 元 /（人·天）计算，重度失能则取医疗机构和养老机构的平均值为 60 元 /（人·天），而且医疗机构护理基金支付是 60%，养老机构护理基金支付为 50%，所以在下文的机构护理中，基金支付统一取医疗机构和养老机构的平均值 55%。居家护理不划分中度失能和重度失能，统一按照每月 1200 元的待遇标准。如表 4-16 所示。

表 4-16　南通市基金支出相关参数设定（南通方案）

符号	指标	设定 /（元·年）
中度机构护理	中度机构护理待遇（30 元 / 天 ×30 天 / 月 ×12 月 / 年 ×55%）	5940
重度机构护理	重度机构护理待遇（60 元 / 天 ×30 天 / 月 ×12 月 / 年 ×55%）	11880
中度居家护理	中度居家护理待遇（1200 / 月 ×12 月 / 年）	5280
重度居家护理	重度居家护理待遇（1200 / 月 ×12 月 / 年）	5280

资料来源：南通市人力资源和社会保障部。

根据前文可知，苏州市长期护理保险失能等级划分为中度失能和重度失能，护理方式分为机构护理和居家护理，其中机构护理又分为中度机构护理待遇和重度机构护理待遇，居家护理可分为中度居家护理待遇和重度居家护理待遇。中度机构护理待遇为 23 元 / 天，重度机构护理待遇为 30 元 / 天。中度居家护理待遇为每月 13 次，每次 2 小时，每小时 40 元；重度居家护理待遇为每月 15 次，每次 2 小时，每小时 40 元的标准。如表 4-17 所示。

表 4-17　苏州市基金支出相关参数设定（苏州方案）

符号	指标	设定/（元·年）
中度机构护理	中度机构护理待遇（23 元/天 ×30 天/月 ×12 月/年）	8280
重度机构护理	重度机构护理待遇（30 元/天 ×30 天/月 ×12 月/年）	10800
中度居家护理	中度居家护理待遇（13 次/月 ×2 小时 ×40 元/时 ×12 月/年）	12480
重度居家护理	重度居家护理待遇（15 次/月 ×2 小时 ×40 元/时 ×12 月/年）	14400

资料来源：苏州市人力资源和社会保障部。

注：苏州方案按照《关于开展长期护理保险试点第二阶段工作的实施意见的通知》（苏府〔2020〕10 号）将失能等级分为轻度、中度和重度，但是在待遇标准上只考虑了中度和重度失能老人的标准；照护的服务地点分为两种情况：机构护理和居家护理。

广州市的长期护理保险失能等级的划分较为简单，把失能评分低于 40 分的归为重度失能。根据《广州市长期护理保险经办服务指南（试行）》把待遇类别分为机构护理与居家护理。机构护理的服务项目又进一步分为基本生活照料和医疗护理，基本生活照料的支付标准为不高于每人每天 120 元（含床位费，床位费不高于每人每天 35 元），其中基金支付比例为 75%，个人支付比例为 25%，基金最高支付限额为每人每天 90 元。居家护理也划分为基本生活照料和医疗护理，基本生活照料的支付标准为不高于每人每天 115 元，其中基金支付比例为 90%，个人支付比例为 10%，基金最高支付限额为每人每天 103.5 元。如表 4-18 所示。

表 4-18　广州市基金支出相关参数设定（广州方案）

符号	指标	设定/（元·年）
重度机构护理	重度机构护理待遇（120 元/天 ×30 天/月 ×12 月/年 ×75%）	32400
重度居家护理	重度居家护理待遇（115 元/天 ×30 天/月 ×12 月/年 ×90%）	37260

资料来源：广州市人力资源和社会保障部。

（六）结果预测

1. 失能人数

根据第三章预测的 2022—2035 年 65 岁及以上人口数量和 2018 年"中国老年健康与养老跟踪调查"（CHARLS）数据，测算的总体失能率（重度失能）为 17.4%。根据总体失能率分别平均计算得出，青岛方案中轻度失能、中度失能和重度失能人数在 65 岁及以上总人口数的占比分别为 14%、2.3% 和 1.1%；南通方案和苏州方案下的中度失能和重度失能人数，在 65 岁及以上总人口数的占比分别为 15.5% 和 1.9%；广州方案是用总失能率进行计算，占比为 17.4%。由 60 岁及以上人口数和不同护理等级失能率数据可得，2022—2035 年我国 65 岁及以上失能群体总规模和不同等级失能人口数。见表 4-19 所示。

表 4-19　2022—2035 年我国失能人口总规模和不同等级失能人口数（青岛方案）

单位：万人

年份	老年人口数	失能人数	轻度	中度	重度
2022	20247.21	3523.02	2836.03	465.04	221.95
2023	21256.07	3698.56	2977.34	488.21	233.01
2024	22315.19	3882.84	3125.69	512.54	244.62
2025	23427.08	4076.31	3281.43	538.07	256.81
2026	24594.37	4279.42	3444.93	564.88	269.60
2027	25819.83	4492.65	3616.58	593.03	283.04
2028	27106.35	4716.50	3796.79	622.58	297.14
2029	28456.97	4951.51	3985.97	653.60	311.95
2030	29874.88	5198.23	4184.57	686.17	327.49
2031	31363.45	5457.24	4393.08	720.36	343.81
2032	32926.19	5729.16	4611.97	756.25	360.94
2033	34566.79	6014.62	4841.77	793.93	378.92
2034	36289.14	6314.31	5083.02	833.49	397.80
2035	38097.31	6628.93	5336.29	875.02	417.62

资料来源：根据公式计算而来。

　　根据公式，不同失能等级的失能人口数＝老年人口数 × 老年人中各失能等级概率。由表 4-19 预测结果可知，我国 65 岁及以上老年人口数从 2022 年的 2.0247 亿增加到 2035 年的 3.8097 亿。短短的 13 年，65 岁及以上老年人口就增长近 1.8 亿人，老年人口数也翻了近一倍。根据总失能率为 17.4%，可计算得出：在 13 年后，我国 65 岁及以上失能老人总人数将达到 6628.93 万人，失能老人数也会将近翻 1 倍，失能人数总体数量是较为庞大的。

　　因为青岛方案将失能等级划分为轻度失能、中度失能和重度失能 3 个等级，所以要进一步计算 3 个失能等级方案下的失能老人数。青岛方案中轻度失能、中度失能和重度失能人数在 65 岁及以上总人口数的占比分别为 14%、2.3% 和 1.1%，失能人数根据总失能率可计算出来。由表 4-19 可知预测结果，轻度失能老人数从 2022 年的 2836.03 万增长到 2035 年的 5336.29 万，中度失能老人数从 2022 年的 465.04 万增长到 2035 年的 875.02 万，重度失能老人数从 2022 年的 221.95 万增长到 2035 年的 417.62 万，各失能等级的老年人口数在这 13 年增长近 1 倍。

　　南通方案和苏州方案将失能等级划分为中度失能和重度失能 2 个等级，所以要进一步计算 2 个失能等级方案下的失能老人数。青岛方案中中度失能和重度失能人数在 65 岁及以上总人口数的占比分别为 15.5% 和 1.9%，失能人数根据总失能率可计算出来。由表 4-20 可知预测结果，中度失能老人数从 2022 年的 3135.49 万增长到 2035 年的 5899.75 万，重度失能老人数从 2022 年的 387.53 万增长到 2035 年的 729.18 万，各失能等级的老年人口数都在这 13 年间增长近 1 倍。简而言之，不同等级失能人数的增长速度较快。但是由于本研究的失能率是不发生失能转移的，所以失能人数数量庞大的主要原因在于我国人口基数大且老年人口数量多。

表 4-20　2022—2035 年我国失能人口总规模和不同等级失能人口数

（南通方案和苏州方案）

单位：万人

年份	老年人口数	失能人数	中度	重度
2022	20247.21	3523.02	3135.49	387.53
2023	21256.07	3698.56	3291.72	406.84
2024	22315.19	3882.84	3455.73	427.11
2025	23427.08	4076.31	3627.92	448.39
2026	24594.37	4279.42	3808.68	470.74
2027	25819.83	4492.65	3998.46	494.19
2028	27106.35	4716.5	4197.69	518.82
2029	28456.97	4951.51	4406.84	544.67
2030	29874.88	5198.23	4626.42	571.81
2031	31363.45	5457.24	4856.94	600.30
2032	32926.19	5729.16	5098.95	630.21
2033	34566.79	6014.62	5353.01	661.61
2034	36289.14	6314.31	5619.74	694.57
2035	38097.31	6628.93	5899.75	729.18

资料来源：根据公式计算而来。

2. 支出费用预测

本研究的目的在于预测 2022—2035 年的长期护理保险支出费用的规模与缴筹资比例，但由于预测的时间较长，未来长期护理保险制度基金支出总额容易受到经济发展等因素的影响，因此长期护理保险的给付水平应及时进行调整，以保障基金整体的稳定性和可持续性。根据前文整理的数据，按照支出模型中失能老人的护理费用支出公式（支出模型 4-1），根据失能等级的划分和给付水平的不同，本研究对 2022—2035 年我国长期护理保险支出费用规模进行预测。

表 4-21 2022—2035 年我国长期护理费用规模预测（青岛方案）

年份	轻度月费用 / 万元	中度月费用 / 万元	重度月费用 / 万元	总年费用 / 亿元
2022	19999683.56	5399114.40	3622889.85	2902.17
2023	20996201.68	5668118.10	3803422.23	3046.77
2024	22042365.88	5950589.40	3992932.26	3198.59
2025	23140644.36	6246992.70	4191909.63	3357.95
2026	24293646.36	6558256.80	4400680.80	3525.26
2027	25504122.16	6885078.30	4620061.92	3700.93
2028	26774963.08	7228153.80	4850216.22	3885.33
2029	28109060.44	7588296.00	5091959.85	4078.93
2030	29509587.64	7966433.70	5345619.27	4282.16
2031	30980000.16	8363379.60	5612010.63	4495.54
2032	32523612.44	8780062.50	5891623.62	4719.53
2033	34144162.04	9217527.30	6185111.16	4954.68
2034	35845457.04	9676818.90	6493289.40	5201.56
2035	37631517.08	10158982.20	6816811.26	5460.73

资料来源：根据公式计算而来。

由上表 4-21 可知，在青岛方案下，2022—2035 年我国长期护理保险基金支出规模总体呈现出不断增长的趋势，且长期护理保险基金支出费用的变动具有一致性，即 2022—2027 年护理基金支出费用的增长趋势较缓，2028—2035 年增长速度有所提升。从具体数值来看，青岛方案下长期护理基金支出费用从 2022 年的 2902.17 亿元增长到 2035 年的 5460.73 亿元，基金支出费用将在 13 年后增长将近 1 倍。

表 4-22　2022—2035 年我国长期护理费用规模预测（南通方案）

年份	中度月费用 / 万元	重度月费用 / 万元	总年费用 / 亿元
2022	16969259.97	4092340.03	2106.16
2023	17814779.98	4296247.30	2211.10
2024	18702397.77	4510306.94	2321.27
2025	19634280.85	4735041.70	2436.93
2026	20612596.73	4970974.27	2558.36
2027	21639657.40	5218662.24	2685.83
2028	22717871.22	5478686.40	2819.66
2029	23849839.19	5751674.02	2960.15
2030	25038210.48	6038263.97	3107.65
2031	26285778.76	6339129.98	3262.49
2032	27595530.39	6654992.26	3425.05
2033	28970499.86	6986582.59	3595.71
2034	30414010.69	7334702.50	3774.87
2035	31929434.55	7700165.09	3962.96

资料来源：根据公式计算而来。

由于南通方案和苏州方案是将长期护理保险失能等级划分为中度失能和重度失能，所以表 4-22 中仅要计算的是中度失能和重度失能两种情况下的护理基金支出费用。在南通方案下，长期护理保险基金支出费用曲线变动也存在共同性——变化趋势的幅度一致，即 2022—2027 年护理基金支出费用的增长趋势较缓，2028—2035 年的增长速度有所提升。从具体数值来看，南通方案下长期护理基金支出费用从 2022 年的 2106.16 亿元增长到 2035 年的3962.96 亿元，护理基金支出费用将增长近 1 倍。

表 4-23　2022—2035 年我国长期护理费用规模预测（苏州方案）

年份	中度月费用 / 万元	重度月费用 / 万元	总年费用 / 亿元
2022	36497077.99	4464370.94	4096.14
2023	38315602.18	4686815.23	4300.24
2024	40224669.26	4920334.85	4514.50
2025	42228941.08	5165500.03	4739.44
2026	44333079.43	5422881.02	4975.60
2027	46542056.94	5693086.08	5223.51
2028	48861053.40	5976748.80	5483.78
2029	51295663.00	6274553.47	5757.02
2030	53851583.51	6587197.06	6043.88
2031	56534823.50	6915414.53	6345.02
2032	59351805.94	7259991.55	6661.18
2033	62309057.35	7621726.46	6993.08
2034	65413725.88	8001493.63	7341.52
2035	68673063.23	8400180.10	7707.32

资料来源：根据公式计算而来。

　　由于苏州方案是将长期护理保险失能等级划分为中度失能和重度失能，所以表 4-23 也仅要计算的是中度失能和重度失能两种情况下的护理基金支出费用。在苏州方案下，长期护理保险基金支出费用的曲线变动也存在共同性——变化趋势的幅度一致，即 2022—2027 年护理基金支出费用的增长趋势较缓，2028—2035 年的增长速度有所提升。从具体数值来看，苏州方案下长期护理基金支出费用从 2020 年的 4096.14 亿元增长到 2035 年的 7707.32 亿元，护理基金支出费用的增长将不超过 1 倍。

表 4-24　2022—2035 年我国长期护理费用规模预测（广州方案）

单位：亿元

年份	总年费用	年份	总年费用
2022	11376.54	2029	15989.42
2023	11943.39	2030	16786.12
2024	12538.47	2031	17622.52
2025	13163.22	2032	18500.60
2026	13819.10	2033	19422.41
2027	14507.67	2034	20390.17
2028	15230.52	2035	21406.14

资料来源：根据公式计算而来。

广州方案对青岛、南通和苏州的长期护理保险失能等级的划分较为特别，仅将失能等级划分为重度失能，其长期护理保险基金支出费用变化如表 4-24 所示。广州的护理基金支出费用从 2022 年的 11376.54 亿元增长到 2035 年的 21406.14 亿元。广州的长期护理保险基金支出费用较其他试点城市而言更高，原因在于其待遇水平较高。

（七）试点城市护理保险基金支出比较

根据方案设定的不同，将青岛、南通、苏州和广州四个试点城市按照失能等级、护理类型和待遇水平的不同，设定四种长期护理保险基金支出方案。青岛方案的设定是失能等级划分为轻度、中度和重度失能，护理类型划分为专护、院护、家护和巡护；南通方案和苏州方案是将失能等级划分为中度和重度失能，护理类型划分为机构护理和居家护理；广州方案最为简单，失能等级只有重度失能，护理类型则和南通方案、苏州方案一样，设定为机构护理和居家护理。本研究的目的是用统一的全国人口基数和失能率，设定不同的方案测算我国长期护理保险的基金支出费用。

对青岛方案、南通方案、苏州方案和广州方案下的长期护理保险基金支出费用规模进行比较，如表4–25，发现南通方案的护理基金支出费用最低，广州方案的护理基金支出费用为最高，在2022年就超出了1万亿，到了2035年护理基金支出费用已经高达2万亿，主要原因在于广州的保障水平较高且保障待遇较好。广州方案的机构护理待遇水平达到每年32400元，居家护理待遇水平是每年37260元。南通方案的中度机构护理待遇是每年5940元，重度机构护理每年11880元，居家护理待遇不区别失能等级，统一待遇为每年5280元。总体而言，青岛方案和苏州方案较为适中，南通方案也在合理范围内；而广州方案由于区域经济与政策因素，长期护理保险待遇水平较高，所以护理基金费用支出也较高。

表4–25　不同方案的长期护理费用规模预测

单位：亿元

年份	青岛方案	南通方案	苏州方案	广州方案
2022	2902.17	2106.16	4096.14	11376.54
2023	3046.77	2211.10	4300.24	11943.39
2024	3198.59	2321.27	4514.50	12538.47
2025	3357.95	2436.93	4739.44	13163.22
2026	3525.26	2558.36	4975.60	13819.10
2027	3700.93	2685.83	5223.51	14507.67
2028	3885.33	2819.66	5483.78	15230.52
2029	4078.93	2960.15	5757.02	15989.42
2030	4282.16	3107.65	6043.88	16786.12
2031	4495.54	3262.49	6345.02	17622.52
2032	4719.53	3425.05	6661.18	18500.60
2033	4954.68	3595.71	6993.08	19422.41
2034	5201.56	3774.87	7341.52	20390.17
2035	5460.73	3962.96	7707.32	21406.14

2020 年，我国 GDP 达到 1015986 亿元，其中青岛市 GDP 达到 12400.56 亿元，南通市为 10036.3 亿元，苏州市是 20170.5 亿元，广州市高达 25019.11 亿元。以我国 2020 年 GDP 1015986 亿元为基数保持不变，可分别计算各市方案下长期护理保险基金支出占我国 GDP 的比例，见表 4-26 所示。

早在 2017 年，OECD 成员国中的瑞典和荷兰公共护理支出费用占各自 GDP 的比重就超过了 3%，其他多数国家的护理支出只占各自 GDP 比重的 2% 以下，比如德国占 0.9%，日本占 1.4%，韩国占 0.4%；对比下列数据发现，除了广州方案下的长期护理保险支出在我国 GDP 的占比超过了 1%，其他三个方案的护理支出占 GDP 的比重都很低，与其他国家长期护理保险基金支出的规模仍有差距。这很大一部分因素在于我国实行长期护理保险的时间短、保障范围狭窄、待遇水平较低。

表 4-26　2022—2035 年我国长期护理费用规模占 GDP 比重预测

单位：%

年份	青岛方案	南通方案	苏州方案	广州方案
2022	0.2857	0.2073	0.4032	1.1198
2023	0.2999	0.2176	0.4233	1.1755
2024	0.3148	0.2285	0.4443	1.2341
2025	0.3305	0.2399	0.4665	1.2956
2026	0.3470	0.2518	0.4897	1.3602
2027	0.3643	0.2644	0.5141	1.4279
2028	0.3824	0.2775	0.5397	1.4991
2029	0.4015	0.2914	0.5666	1.5738
2030	0.4215	0.3059	0.5949	1.6522
2031	0.4425	0.3211	0.6245	1.7345
2032	0.4645	0.3371	0.6556	1.8210
2033	0.4877	0.3539	0.6883	1.9117
2034	0.5120	0.3715	0.7226	2.0069
2035	0.5375	0.3901	0.7586	2.1069

在失能评估方面，首先，失能评估的要求过高，程序过于烦琐容易导致各地区的老年人失能人数不能完全覆盖，这样就会遗漏大部分对长期护理有需求的群体。其次，失能评估的过程要保证公平性，程序必须合法，每项评估活动的检测要落到实处，切实保障失能群体的护理需求。最后，就是失能等级的评估可以适当降低要求，让大部分的失能人员包括进来，享受长期护理服务的待遇，体现我国长期护理保险制度的人文关怀。

在待遇水平方面，我国长期护理保险试点城市的护理类型基本上都是划分为机构护理与居家护理（除了青岛市外），由于各地经济水平和护理政策的差别，长期护理保险的待遇水平也是参差不齐。在试点城市中，长期护理待遇水平最低的是齐齐哈尔市，居家护理待遇标准为 3600 元 / 年，机构护理待遇标准为 5715 元 / 年；待遇水平最高的是广州市，其居家护理待遇标准是 37260 元 / 年，机构护理的待遇标准为 20700 元 / 年。从另一个方面来看，以上两个试点城市的待遇水平的差距，说明我国长期护理保险试点城市制度设定的弹性大。但是作为待遇水平最高的广州市，其护理费用的支出占 GDP 的比重也没有达到 OECD 成员国的最高水平。所以，我国试点城市整体的待遇水平仍应适当调整、提升，以保障我国失能老人和有护理需求的老人的权益。

第三节 我国长期护理保险筹资比例预测及调整机制

一、长期护理保险筹资比例预测模型与方法

科学合理的财务设计是长期护理保险制度可持续发展的关键，财务设计主要包括给付设计、支付设计、费用估算、财务筹措、财务处理方式等方面，其中财务处理方式关系着筹资比例设计。筹资比例设计主要是以选定的财务处理方式为原则，嵌入相关的财务完整准则；以"量出为入"在时间轴上套入收入与支出方面的资料，寻求个别时间点上合规且适当的筹资比例；最后拉长时间轴观察长期筹资比例的发展趋势，寻求适当的长期筹资比例设计。目前，青岛、上海、南通等试点城市纷纷构建了符合当地实际情况的长期护理保险制度，其筹资渠道主要有医疗保险基金的划转、政府补贴以及个人缴费。

式（4-6）说明了这个筹资比例模型架构。为平衡保险财务，长期护理保险应提列安全准备金，安全准备总额自第 3 年起应不低于前 8 个月的给付总额。根据前述相关规定，长期护理保险个别单一年度平衡筹资比例的精算模型如式（4-6）所示。

$$Lp_t(\gamma) = LB_t + \Delta LS_t \quad t = 1, 2, \cdots, n \qquad (4\text{-}6)$$

$$LS_t = \Delta LS_t + LS_{t-1}$$

$$LS_t \geq \left(\frac{8}{12}\right) \times LB_{t-1} \qquad (t \geq 3)$$

Lp_t：第 t 年的保费收入，为当年度平衡筹资比例的函数

t：推算年数

γ：第 t 年的平衡筹资比例

LB_t：第 t 年的保险成本

ΔLS_t：第 t 年的安全准备缴费金额

LS_t：第 t 年底的安全准备金余额

假设国内长期护理保险拟采 10 年平衡筹资比例，换而言之，以 10 年总计的保险收入应该等于 10 年总计的保险支出（总保险成本减去部分负担）为原则，导出 10 年的平衡筹资比例。10 年平衡筹资比例的精算模型如式（4-7）所示。

$$10 \text{ 年平衡筹资比例} = r_{1\to10}\frac{InCost_{1\to10}}{\sum_{t=1}^{10}\left(Hpremium_t/Hr_t\right)} \qquad (4\text{-}7)$$

其中

$$InCost_{1\to10} = \sum_{t=1}^{10}\left(Exp_t - Copay_t\right)$$

$InCost_{1\to10}$：10 年的总保险成本

Exp_t：第 t 年长期照护保险费用（含部分负担）

$Copay_t$：第 t 年部分负担

$r_{1\to10}$：10 年平衡筹资比例

Hr_t：第 t 年医疗保险筹资比例

$Hpremium_t$：筹资比例为 Hr_t 的医疗保险保费收入

支出根据本章第二节"我国长期护理保险支出"内容预估数据。

二、长期护理保险收入制度设计

我国试点地区长期照护保障在运作上是采用社会保险模式，在社会保险架构下，整体财务是根据"量出为入"的原则来运作，影响财务制度均衡的因素主要有收入、支出和财务处理方式。在这当中，支出主要由支付与给付两大方面决定费用水平，这涉及照护服务需求的满足程度，具体实务层面属于需求层面评估的问题，因此，制度设计在制度建立之初显得尤为重要。

就收入来源来划分，社会性长期护理保障的运作模式可分为税收制与保险制，税收制的收入来源主要来自于政府税收，保险制则主要来自于保费收入。在税收制下，政府税收根据用途不同可分为一般租税及指定用途税两大类。一般租税指用于一般经常性支出，指定用途税则是用于特定项目支出。根据 OECD 成员国的经验，与指定用途税相比，以一般租税作为长期照护制度收入来源，将面临与其他公共支出竞争收入来源的压力；但如果已有的税源可以提供时，一般租税则具有持续性、分散性以及弹性的优势。已实施税收制长期照护保障的国家大多是以一般租税、而非指定用途税来作为制度收入来源。

社会保险的收入来源主要来自于具有强制性的保险费。政府对社会保险费仍有补助责任，使用者也需负担部分保险费，所以事实上长期护理保险的财务来源属于混合收入来源。社会保险的运作规则，让专款专用性的保险费收入来源有了一定程度的可分散性与可持续性，较容易做到"应得权益模式"，也就是保险制可将长期护理被视为需要者应得权利，提供给符合资格的照护需要者一套标准的给付内容，以满足需求为前提而不受限于财务预算①。保费缴纳强制性和政府财务责任的混合收入来源具有较强的可持续性，可以在代际内与代际间进行风险分散，是长期护理保障实行社会保险模式的财务优点。在人口快速老龄化的趋势下，保费将面临侵蚀与给付的快速增长的压力，让社会护理保险制度的收入和支出都面临着冲击，社会保险费筹资比例的稳定性内在要求又让本应"量出为入"的筹资比例缺乏合理的调整运作机制，因而造成长期护理保险制度的财务迅速恶化。

如何面对人口高龄化对长期护理保险制度所带来的财务冲击，将成为实施社会保险制度的长期照护保障所必须面临的永恒难题。从各国政府对长期护理保障的建构思路来看，大部分国家主要依赖于沿用本国既有的社会保障制度框架，基本上采用与社会医疗保险相同的制度模式来运作。这也是我国已经试点长期护理保险制度地区采用的主要模式。按照依赖社会医疗保险的模式建构长期护理保险，虽然能够保证原有医疗保险收入来源和管理的优势，但是也存在制度依赖和不独立的缺陷。在社会保险制的收入来源架构下，收入是由缴费比例与缴费基数来决定的。我国试点地区长期照护保费随同社会医疗保险收缴。长期护理保险和社会医疗保险一般共享相同的缴费基础，长期护理保险制度应根据自身的支出来规范各自精算筹资比例。收入来源计收基础的合理定价，需考虑行政上的效率性以及公众负担上的公平性。就行政效率性而言，长期护理保险建立的初衷是解决平均寿命延长带来的"社会性院"（指由于老年人慢性病所导致的住院时间延长或长期住院的现象）对社会医疗保险所造成医疗资源错置的成本负荷。因此，从这个角度来看，长期护理保险是社会医疗保险进一步的扩展和延伸。此外，目前长期护理保险设计

---

① 郑清霞，王静怡.社会性长期照护保险的财务处理［J］.台湾社会福利学刊，2014，12（1）：67–105.

需要实施全民覆盖且不限定申请年龄，使其在保障普及性上也应与医疗保险相近。

社会保险的财务处理方式有三种：现收现付制、部分积累制、完全积累制。如果财务处理方式为现收现付制，则要求收入等于支出、费基决定筹资比例水平并符合安全准备金适当规模。如果实施积累制的财务处理方式，则必须先根据平衡期的长短及安全准备金提存的额度，而后再以未来费基的预测，换算为各年度的筹资比例水平。关于筹资比例设计的要素主要有筹资比例精算期间、财务平衡期间、筹资比例调整条件、安全准备金额度及筹资比例调整公式，主要规定如下：

第一，至少每 3 年精算一次，每次精算 10 年。

第二，保险人应每 3 年依筹资比例调整公式计算筹资比例，但出现下列情形之一的保险人要考虑财务平衡方案：①精算的保险筹资比例，其前 10 年的平均值与现行保险筹资比例相差幅度逾 10%；②本保险的安全准备金降至最低限额以下；③调整本保险给付项目、给付水平或支付标准，预期的给付费用总额与最近一年已实现的给付费用总额比较增减逾 10%。

第三，安全准备金总额自第 3 年起应不低于前 8 个月的给付总额，低于 8 个月时应调整筹资比例。

第四，筹资比例调整公式应考虑人口老龄化指数与需照护对象人数比率、工资指数及物价指数、本保险财务累计情况和其他影响长期护理保险费用的有关因素。

三、长期护理保险筹资比例预测结果分析

（一）长期护理保险财务模式模拟

本研究对财务模式做出如下假设，并在此基础上进行均衡筹资比例的预测。

方案一：当年财务平衡的现收现付制，每年维持至少 3 个月的安全准备金。

方案二：10 年期部分提存准备金。

方案三：10 年期部分提存准备金，每 3 年精算一次筹资比例，精算筹资比例与现行差距达 10% 即调整筹资比例。

方案四：10 年期部分积累制，每 3 年精算一次筹资比例，精算筹资比例与现行差距达 5% 时立即调整筹资比例。

在上述四个方案的假设下，各年度的均衡筹资比例与安全准备金情况可参考表 4-27 和表 4-28 所示。

（二）不同财务方式的比较

1. 长期保险精算平衡

Myers（1955）和 Rejda（1999）提出，由于法定必须强制参加而有源源不断的新进参保者，社会保险的精算平衡与商业保险不同。社会保险所谓的精算平衡是指制度能够如期提供给付的能力，即社会保险给付的履行能力能够长期精算平衡。长期精算平衡，指长期的保费收入和利息收入足以支付给付支出以及行政费。

关于社会保险财务精算的可持续性，重点问题在于就长期缴费而言，其贡献以及资产收益能否支付现在与未来的给付。"长期"是针对所涉及的合理

平衡期间与精算期间的选取，在这当中平衡期间反映的是期间当中的制度财务平衡，精算期间则是呈现长期的财务预测。根据长期护理保险法草案，就平衡期间来看，拟设计采取 10 年平衡；此外，每 3 年精算一次筹资比例，当精算筹资比例与现行差距达 10%，即调整筹资比例。在平衡期间方面，如果只采取 10 年平衡而未辅以其他较短期性的调整指标，从表 4-27 的方案二可看出，每隔 10 年调整一次的筹资比例在 10 年当中虽可维持筹资比例的稳定，但到下一个 10 年调整期，筹资比例的涨幅将是所有方案中最大的，2030 年的筹资比例涨幅达到 44.44%。平衡期越长虽能维持一定期间的筹资比例稳定性，但在支出受人口高龄化影响而快速增长下，会让筹资比例的调整幅度更大；所以辅以较短期性的筹资比例调整机制是减缓筹资比例涨幅的必要性措施。除了财务平衡外，还要同筹资比例的变动幅度一起评估。

在精算期间方面，基于与费基互相依赖，长期护理保险设计一次精算 10 年。基本上，精算期间过长，参数的预测偏离机会很大，但社会保险的精算功能主要在于根据参数的多组假设以提供长期财务讯息。长期照护风险一旦发生，可能持续至死亡，这是一种长期支付的概念；但长期保险年金的精算期间较短，所以 10 年应是可以接受的范围。另外，社会保险的财务可持续性是由收入与支出决定的，目前的讨论大多专注在筹资比例方面，但会影响收入的因素包括筹资比例和费基——筹资比例的调整即便是幅度很小，其设计也是存在能够顺势增长的费基。

2. 可负担性

所谓可负担性，指财务来源的缴费应在公众可负担的范围内。可负担性的评估应包括保险费及部分负担的加总，其金额占收入所得的比例不能过高。基于强制性参加与政府对制度的承诺，Rejda（1999）也特别强调，一个能够支持制度可持续发展的筹资比例设计，必须是落在后代实际上能够接受的范围。相对于现收现付制，部分积累制能够将未来筹资比例快速上涨的压力分散到现今，让后代可用较低水平的筹资比例，减缓因筹资比例上涨造成的可负担性的压力。以表 4-27 的方案四为例，筹资比例水平为 0.67% ~ 1.37%。所以相对于现收现付制，部分的财务处理方式确实可以平缓公众保费支出负担上升的幅度。

表 4-27　不同财务模式下长期护理保险平衡筹资比例

单位：%

年份	方案一	方案二	方案三	方案四
2020	0.56	0.63	0.67	0.67
2021	0.59	0.63	0.67	0.67
2022	0.60	0.63	0.67	0.67
2023	0.64	0.63	0.67	0.78
2024	0.67	0.63	0.67	0.78
2025	0.71	0.63	0.67	0.78
2026	0.72	0.63	0.95	0.90
2027	0.76	0.63	0.95	0.90
2028	0.80	0.63	0.95	0.90
2029	0.85	0.63	0.95	1.05
2030	0.90	0.91	0.95	1.05
2031	1.00	0.91	1.25	1.05
2032	1.04	0.91	1.25	1.23
2033	1.07	0.91	1.25	1.23
2034	1.11	0.91	1.25	1.23
2035	1.17	0.91	1.25	1.37

由表 4-28 可看出，在既定的给付条件下，随着未来人口高龄化的加剧，长期护理保险费用支出也跟着增长，支出的增长对保险制度而言，意味着筹资比例必须随之调升。

表 4-28 不同财务模式下长期护理保险平衡筹资比例的增长率

单位：%

年份	方案一	方案二	方案三	方案四
2021	5.36	0	0	0
2022	1.70	0	0	0
2023	6.67	0	0	0.164
2024	4.69	0	0	0
2025	5.97	0	0	0
2026	1.41	0	41.79	0.154
2027	5.56	0	0	0
2028	5.26	0	0	0
2029	6.25	0	0	0.17
2030	5.88	44.44	0	0
2031	11.11	0	31.57	0
2032	4.00	0	0	0.17
2033	2.88	0	0	0
2034	3.74	0	0	0
2035	5.41	0	0	0.20

进一步比较不同财务处理方式下的筹资比例，如表 4-27 中，方案一的现收现付制下，筹资比例从 2020 年的 0.56% 逐年提高到 2035 年的 1.17%，15 年的筹资比例涨幅为 108%。相比之下，方案三现行设计下的筹资比例，因为实行较高的安全准备金标准，所以各年度的均衡筹资比例未必会低于同时期的方案一筹资比例，不过筹资比例从 2020 年的 0.67% 提高到 2035 年的 1.25%，涨幅为 86.6%，则低于方案一的 108%。因此，未来筹资比例趋势是否在公众的可负担范围内，基本上与公众的平均收入水平有关，并无法单方面决定，但实行部分积累制的确可以分散筹资比例快速上涨的压力。

3. 代际公平性

关于代际的公平性，后代并没有同意现收现付制的代际连带方式。Arnold & Rothgang（2009）认为，现收现付制蕴含配置无效率、代内不公平、代际不公平等问题，建议辅以部分提存积累制。根据 Fukui & Iwamoto（2007）对日本医疗与长期照护费用的推估，采用现收现付制会使筹资比例非常快速地上升，因而建议转为事先积累制。依赖税收为收入来源且实行现收现付制的北欧国家，为改善人口老龄化影响财政稳定性与可持续性的问题，采取以编列预算事先缴费、成立缓冲基金，将未来的财务压力均匀移转至现今的方式（Lassila & Valkonen，2004；Lassila & Valkonen，2008；Andersenetal，2008）。

理论上来说，部分积累制可改善若干现收现付制所带来的代际不公平性，根据国内长期护理保险的财务处理设计，如同前文所述，从表4-27可看出，相较于方案一现收现付制下的筹资比例年年调升，方案三的部分积累制的确有助于减缓后代的筹资比例快速上升的压力。不过，如果就2016年建立长期护理保险时已届高龄者而言，除了在过去并未长期缴交保费却可能需耗用较多的保险资源外，所余的平均寿命不长以及没有经历较长的后续保费提高期，这使制度建立时无可避免地产生代际不公平。假设全部人口均参加长期护理保险，此时 0 ~ 50 岁的人口都必须缴交保费至2042年，部分积累制相比于现收现付制，50 岁及以下的各个年龄组所要缴交的保险费是一样的；超过 50 岁的人口群，年龄越大者，缴费年数越短。以 65 岁及以上人口平均余命 18 年计算，他们只要缴交 20 年保险费，因此，代际不公平性主要表现为 50 岁以上人口缴费年数远小于 50 岁及以下人口。一方面，基于代内与代际公平性、少子女化趋势、儿童并无经济能力等因素，未来长期护理保险的筹资比例可评估考虑参照德国采用无子女有差别筹资比例的方式，或者针对 18 岁以下人群补贴其长期护理保险费。另一方面，可将"按人口计费"改为以"家户总所得"为费基，完整衡量家户缴费能力，提升标准，增加垂直的公平性。

4. 筹资比例调整的政治可行性

筹资比例调整公式是浮动、微调的概念，理论上"每年调整"来运作较为恰当。筹资比例调整最后应变成一个常态，而不是几年才有的特例。虽是每年调整，但精算报告仍可维持每 3 年一次。其主要目的在于检视按照筹资比例调整公式运作是否会偏离实际财务状况太远，但是如何设定筹资比例调整公式将成为难点。

筹资比例调整公式的功能定位应在于长期能够反映精算上实际筹资比例的变动需求，与筹资比例调整公式相类似而容易比较的是精算筹资比例模型中的筹资比例精算公式。筹资比例调整公式要面对的是被保险人，要受到被保险人的检查，总额公式面对的则是服务供给者。长期照护是劳动力密集的服务，以工资增长率为例，其可能会影响未来的长期照护费用；虽可以设定不同的方案条件，模拟其影响护理费用的方向与程度，但这些都是尚未发生的。将这些还没有成为事实的参数放入筹资比例调整公式，很难说服公众，争议性会比较高，必须有更多论述加入佐证；因此，可以将这些参数放入精算模型，预测未来照护成本可能的变动幅度。工资指数或物价指数会影响长期照护服务的成本，进而影响给付标准；但在给付标准未调整之前，其实工资或物价并不会直接影响长期照护费用，建议在筹资比例调整公式中将工资指数或物价指数改为支付标准调整幅度，落实收支联动机制。筹资比例调整公式中，所放入的参数应是越简单越好。例如失能人口的增长率，其影响费用的方向与程度相对没有争议性。如表 4-27 的方案三所示，10 年平衡期之外再额外纳入短期性筹资比例调整标准，大约每 6 年需要调整一次筹资比例，调整幅度为 31% ~ 41%。比较方案二与方案三，辅以较短期性的筹资比例调整机制，的确是缓和筹资比例涨幅的必要性措施；而方案三的筹资比例调整幅度还是较高。总之，为兼顾追求财务平衡与缓和筹资比例调幅，是否适度缩短平衡期间或是降低精算筹资比例与现行差距的调整标准，都是值得再行斟酌之处。

5. 基金规模

平衡期间与准备金额度是决定部分准备金额度的条件之一。根据安全准备的规定，当安全准备水平较低时，财务调整机制较为敏感。由于长期照护的属性与医疗保险有两方面不同：一是长期照护一旦发生，不仅不具恢复性且将持续至生命终结；二是长期照护风险在年龄组间差异很大，所以安全准备期间应较长，目前设计是从第 3 年起至少 8 个月，此时安全准备的功能并不仅限于支付景气循环的安定基金作用，而是以调整现收现付制框架下的提存准备。相较于医疗保险，长期照护的安全准备金之所以没有上限的规定，是因为长期照护费用约为医疗保险六分之一至九分之一，即使积累 8 个月也不致过于庞大而衍生出太复杂的基金投资运用问题，但仍可以发挥平缓筹资比例的功能。根据表 4-27 中方案三的模拟结果，准备金额度大多高于 8 个月乃至将近 18 个月，而在方案四下约可达到将近 21 个月。再者，筹资比例的增长与积累基金的增长应该是负向关系，在筹资比例调整公式的设计中，积累基金的数额与增长率等因素对筹资比例而言是发挥负向的刹车作用。

四、政策建议

长期护理保险财务设计的重点应在于财务责任制度的建立，虽然我国试点地区长期护理保险财务制度依赖医疗保险，但财务设计应注意以下两点：第一，医疗保险与长期照护的属性不同；第二，如何根据医疗保险过去的经验，设计一套落实的财务责任制度。现收现付制与积累制是社会保险财务的主要处理方式，现收现付制基于社会连带是指当年年度需要多少经费即编列等额预算或收取保费，宜有若干的安全准备金（或安定基金）应对突发状况。积累制的基本概念则是自我负责，事先准备提存。积累制的筹资比例高于现收现付制筹资比例，强化该代际自我储蓄为长期护理需求事先准备的机制。长期照护制度的给付对象大多为老年人口，现收现付制容易受到人口结构老龄化的影响，建议实行事先部分积累制，一方面可避免筹资比例调升幅度过大，另一方面可减缓未来代际的财务压力，落实财务稳定性并兼顾代际间的公平性。

德国、日本长期护理保险虽采取现收现付制，但是人口结构走向高龄化对财务制度所带来的冲击的确早已开始出现，德国则是一个明例。部分积累制应是务实可行的财务处理方式，其提存水平以及长期筹资比例设计则必须考虑以下原则：第一，财务收支长期维持稳定和平衡；第二，避免筹资比例频繁变化；第三，筹资比例调整幅度不宜过大；第四，筹资比例设计应考虑各代际人口的可负担性；第五，代际间负担的公平性；第六，兼顾代际连带与个人责任；第七，基金积累规模。[①] 设计朝向以公式自动调整的方向，然而公式要面对的是公众，受到公众的检视。筹资比例调整公式以简洁为原则，如主要考虑需照护人口的增长率。若为最复杂的考虑还应包括：第一，需照护人口增长率；第二，实物给付增长率；第三，物价增长率；第四，费基变动率；第五，法定安全准备金额度；第六，长期照护给付项目调整；第七，其他影响长期护理保险费用的有关项目。

---

① 郑清霞.长期照护保险的财务规划［C］//首届海峡两岸农村社会保险理论与实践学术研讨会.杭州：中国社会保险学会农村社会保险委员会，2011.

下篇 ▶

长期护理保险服务可及
性的改革与创新

第五章　OECD 国家长期护理政策的方法论与实践比较

第一节　OECD国家老龄化政策中工具理性和价值理性的平衡

积极老龄化、生产性老龄化和成功老龄化已然成为当今世界应对人口老龄化的三个重要政策类型。积极老龄化政策强调生产性视角，易将老年人作为纯粹的经济工具和功利主义工具看待，忽视老年人的文化意识和老年期所具有的独特人生发展意义。因而，老龄化政策需要规避积极老龄化政策中生产主义方法的弊端，在工具理性与价值理性间实现动态平衡，提供一个对老年人更为友好的、老有所为的公众认知，以及一个更为广泛的老年期发展机会的文化范式。

一、西方老龄化政策理念的发展与变迁

在应对人口老龄化的过程中，西方国家经历了从强调老年人功能障碍、依赖性和被动性的福利导向的政策思维，转变到强调老年人功能性、自力更生和积极性的福祉导向，这体现了"从福利主义到新自由主义的转变"的思

潮在当代西方国家的老龄化政策发展中发挥了重要作用。在"从福利主义到新自由主义的转变"思潮主导下，西方老龄化政策的发展大致经历了三个阶段：20 世纪 50 年代提倡的成功老龄化，1987 年世界卫生大会上提出的健康老龄化，2002 年联合国第二次老龄大会提出的积极老龄化。

生产性老龄化是 Robert Butler 于 1982 年在奥地利萨尔茨堡举办的一次老年学会议中提出来的。Robert Butler 认为，关于老年人的"无生产力迷思"是没有根据的，这一论点会导致对老年人生产力和创造能力做出悲观结论，如果抛去功能障碍和"社会逆境"的影响，老年人可以富有生产力并积极参与生活①。至今学术界对生产性老龄化并没有形成统一界定，主要的争议在于对生产性活动的外延认定上。

与生产性老龄化相反，成功老龄化这一政策理念作为老年退出社会的对立而产生。区别于病理性变化的"正常老龄化"，Rowe & Kahn 进一步将老龄化过程划分为常态老龄化（没有疾病，但存在着较高的风险）和成功老龄化（较低的风险和较高的身体功能水平）②。实现"成功老龄化"的关键在于把老年时期当作中年人活动的延续和其典型价值观的保留。如果过分强调成功老龄化，老龄化政策的关注重点人群会从那些因年龄增长而遭受疾病和残疾的人转向状态好的老年人群，忽视对弱势和特殊老年群体的关注。此外，成功意味着有赢家和输家，但大多数老年人不愿意因为残疾或健康不佳的生理特征而被贴上不成功的标签。

继生产性老龄化和成功老龄化之后，1997 年 6 月在丹佛举办的八国集团峰会上提出积极老龄化。2002 年，WHO "老龄化与生命历程项目"向第二届

---

① BUTLER R N. Why survive? Being old in America［J］. Social work, 1976, 21（4）: 341.

② ROWE J W, KAHN R L. Human aging : usual and successful［J］. Science, 1987, 237（4811）: 143–151.

老龄问题世界大会提交了《积极老龄化：一个政策框架》的报告，主要是从健康、参与和保障三个维度阐释积极老龄化的含义；信息技术使老年人群体能够在整个生命过程中实现身体、社会和精神健康方面的潜力，并根据自身的需要、愿望和能力参与社会，同时在他们需要援助时向其提供充分的保障、安全和照护[①]。积极老龄化这一观点挑战了老年人以往被贴上的"被动的和依赖的"特征标签，强调了老年人群体的自主性和参与性。

通过梳理老龄化政策发展的演变过程，可以发现生产性老龄化的理论缺陷，即被一种狭隘的经济或生产主义观点所主导，优先考虑延长工作寿命。传统观点认为，老年人是无价值的。生产性老龄化观点则认识到，随着年龄的增长，个人可以并且经常参与在其社会背景下具有社会经济价值的活动。Morgan 最先提出，老年人的生产性活动包括任何生产物品和服务的活动[②]。Butler & Schechter 认为，生产性是老年人个人或群体从事有偿工作、志愿者活动、支持家庭等活动的能力，以及尽可能独立地维持自己的能力[③]。有些概念被批判为是对一些群体强加消极判断，例如家庭主妇和没有能力获得体面薪水的孱弱老年人就被"生产性"观点消极化。Moody 认为，生产性老龄化包括老年人从事的各种具有经济价值的活动，主要分为四类：参与有偿或无偿工作，照护家人、亲戚和朋友，参加各种志愿者活动，参与终身学习以提

①　KALACHE A, GATTI A. Active ageing : a policy framework［J］. World health organization, 2002, 11 : 7–18.

②　MORGAN J N. Unpaid productive activity over the life course［J］. Productive roles in an older society, 1986 : 73–109.

③　BUTLER R N, SCHECHTER M. Productive aging［M］// The encyclopedia of aging. New York : Springer publishing, 1995 : 763–764.

高其人力资本和生产力①。Kim 也提出了狭义和广义的生产活动，狭义的生产活动即参与劳动力市场；广义的生产活动即做家务、照护家庭、参与志愿服务，也包括非经济活动，例如心理和教育业余时间活动和自我管理活动②。对比以上两种生产性活动的内容可以发现，生产性活动是包括工作、正式和非正式志愿服务在内且能够改善家庭和社会福祉的一系列行为。

二、工具理性在生产主义模式中占主导地位

韦伯早在 1978 年就对工具理性和价值理性进行了区分。工具理性行为或基于工具理性的行为是从对环境中的对象和其他人的行为的期望所决定的，这些期望被用作实现行为者自己理性追求和计算目的的"条件"或"手段"③。工具理性会使行动者受到追求动机的意图驱使，致使行动者单纯从实现效果最大化的角度考虑问题，其结果就是导致对人的感情和精神价值的忽视。由于工具理性过多关注的是事物本身的效率和有用性，容易让人产生做每件事之前衡量是否产生效益的思维方式；一旦产生这样的思维方式，就会失去对待精神世界满足感的敬畏之心。价值理性行为或基于价值理性的行为"是由于某种伦理、审美、宗教或其他行为形式对价值的自觉信念所决定，与其成

———————

① MOODY H R. Productive aging and the ideology of old age [M] // MORROW-HOWELL N, HINTERLONG J, SHERRADEN M. Productive aging : concepts and challenges. Baltimore, MD : Johns Hopkins University Press, 2001 : 175–196.

② KIM J, LEE J, SIMS O T. The productive aging concept and social work students' perceptions toward an older population [J] . Journal of social service research, 2016, 43（2）: 1–7.

③ WEBER M. Economy and society : an outline of interpretive sociology [M] . CA : University of California Press, 1978.

功的前景无关"① 。它不仅是为了满足人的当下需要，更强调当下需要的适宜性并兼顾人的长远需要。

在欧盟关于积极老龄化的政策讨论，其结果普遍认为生产力模式比综合模式更具优势。生产主义模式往往是一种基于"对政策变化的成本效益进行客观和精确的价值中性计算"的理性政策行为形式② 。工具理性是指以能够计算和预测后果为条件来实现目的的行为，这符合经济学家的成本计算思维。以经济计算为核心的英国积极老龄化政策的基本原理是：如果担心价值理性占主导地位，那么在实现经济资本增长需求的人口减少而要求福利的工人将增多的背景下，其解决困境的办法即通过鼓励工作解决就业不足和延缓老年人退休减少对福利政策的需求。这就需要重新定义老年人的晚年生活，在工作和志愿服务的积极老龄化中平衡经济账目，既能让青年人不占用老年人的资源又能让老年人充分发挥其积极性。

欧洲委员会在 2002 年提倡积极老龄化政策，其积极老龄化的核心做法包括终身学习、延长工作时间、渐进式延迟退休、退休后积极参与增强能力和维持健康的活动。这种做法就个人层面而言，旨在提高个人生活质量；就社会层面而言，有助于提高经济增长率、降低抚养负担以及节约养老金和保健成本。因此，这一理念代表了所有年龄段人群的共赢策略，受到了社会的极大推崇。老年人长期从事有偿就业和志愿工作的活动，有助于解决他们的社会保障和医疗费用。这种经济逻辑的背后是工具理性，是运用生产主义积极老龄化这一手段来掩盖节约成本和充分利用人力资源的目的。正是这种"工

---

① MUKDANI H M. An other praxis : a critical option for ecclesial freedom［M］. Adelaide : wipf and stock publishers, 2013.

② ESTES C L. Theoretical perspectives on old age policy : a critique and a proposal［M］. Milton Keynes: Open University Press, 2003.

具理性"的意识贯穿了欧盟和英国的生产主义模式。新自由主义工具心态支持"围绕生产力的主导常识"以及强调独立、个人责任和自力更生的意识。

在前工业化模式中，很大一部分老年人拥有或控制着土地、工具和工艺制作等生产方式。经济与家庭没有区别，家庭作为一个经济单位提供工作机会，老年人可以决定自己是否要工作或在晚年工作多少。此外，对老年人继续工作有规范和奖励，并且经济允许和社会规范与奖励之间存在一致性。在现代经济工业模式下，老年人相对于年轻人来说价值会降低，所以，是否工作的决定在很大程度上超出了他们的个人控制。家庭和经济又是有区别的，退休政策是根据家庭范围之外的普遍标准制定的。

韦伯使用"铁笼子"一词来指"社会生活日益合理化，特别是在西方资本主义文化中"。换句话说，西方社会生活越来越被"基于技术、行政和市场偶然性的系统所主导，这些系统通过理性计算进行控制"[①]。当一个现代国家"被锁在工具理性的铁笼子里"时，它必须把它的公民变成加工和控制的对象及积极知识的对象，使他们陷入"现代权利结构，同时兼具个性化和总体化"的"双重束缚"。因此，个人越来越不能表达某些最人性化的特征，他们的主体性越来越受到损害，其个体被工具、技术、科技所定义，个体的价值同样被赋予在通过理性计算的系统中。基于该逻辑演绎，韦伯认为在现代社会中工具理性优于价值理性。但是，工具理性主导的政策思维正在战胜价值理性主导的政策这一观点是存在争议的。基于欧盟和英国的实践思考，可以在很大程度上解释"为什么工具理性主导的生产主义模式比价值理性主导的生产主义模式相对全面且模式更具优势"。

---

① 马克斯·韦伯. 新教伦理与资本主义精神［M］. 康乐，简惠美，译. 桂林：广西师范大学出版社，2010：189-234.

三、积极老龄化政策中生产主义方法的弊端

基于工具理性的积极老龄化政策的生产主义方法存在以下三个弊端。

（一）生产主义政策有可能将老年人视为对经济发展有用的资源

受新自由主义的启发，生产主义政策侧重于使老年人有机会通过在社区工作或志愿服务从而继续为社会做出贡献。新自由主义鼓励老年人拥有追求经济利益和适应市场的理想，将生产性维度作为积极老龄化发展的方向，偏向于将生产性成就等同于个人价值，这种功利主义处理了除工作途径之外其他阻碍个人发展的途径。"自我实践"被简化为一种经济实践，老年人参与社会实践行为的目的就是为了拓展人力资源进而节约人力成本，遗忘了老年人对精神生活的需求。欧洲的养老政策面临着四个经济社会层面的挑战，即工作年龄人口的下降、养老金系统与公共财政的支出压力、照料需求的迅猛增长以及老年人资源和风险的多样性。这些挑战引致欧盟委员提出三个老龄化政策：第一，通过促进终身学习、灵活的工作安排和改进工作激励措施等提高就业率；第二，改善社会保障政策，扭转提前退休的趋势，改革和支持保健政策和老年护理政策；第三，制定反对基于工作场所的歧视和社会排斥的政策。这种生产主义的、相当功利主义的观点，目标是"激活"老年工人以促进经济增长。

为了提高经济效益，欧盟敦促成员国优化就业体系，重视老年群体中的人力资源。芬兰制定了较完善的老龄化政策体系，其推行内容主要包括强调资源利用、老年人社会价值、正确对待疾病负担和损失的现代老龄化概念。一大部分老年人无法做到在法定退休年龄之后还可以高效地工作，然而，这种仅仅把老龄化作为就业来应对的现象，已经严重背离了积极老龄化的意义。老年人口的高就业率从侧面体现了积极老龄化中的生产主义政策，但简单地

增加老年人就业本身并不是一个整体的积极老龄化措施，期间还需要采取措施消除工作场域的年龄歧视，促进年龄多样性和更灵活的就业形式，增加培训机会。

（二）生产主义政策可能会成为意识文化范式

老年时期必然会经历一个失去工作机会、失去活动热情，甚至失去配偶角色丧失的过程。老年人在退休后都表现出心理需求范围缩小的状态，对于外界环境的压力也不能充分感受。尽管闲暇时间增加了，但老年人放弃了许多以前的活动，出现一种特别压抑的屈辱感和多余感。退休的老年人随着闲暇时间的延长，个体由乐观走向悲观再到宿命论，其生活空间逐渐缩小。此时，社会政策可以"设定幸福的参数"，影响公共规范和价值观。一个国家的意识形态对老年人来说特别重要，因为老年人这个群体的国民意识较强，文化认同感和社会认同感较高。积极老龄化不仅是指让活跃的老年人群体的文化形象占主导地位，而是要把所有失业、残疾和退休等的劳动人口都设定为国家政策的目标。

积极老龄化政策中的生产主义方法是对老年人文化的殖民。这种殖民化很可能导致文化规范与按照这些规范行事的目标群体的社会结构能力之间产生严重脱节。由于生产主义政策倾向于将老年人视为同质群体，但是实际上老年人的社会结构能力各不相同，其产生的影响也不相同。积极老龄化存在个人和结构性障碍，那些不活跃的年龄层包括身体残疾和虚弱的老年人，可能就会认为他们没有实现成为一个有生产力的文化范式，甚至他们有可能陷入"自我批评"，这种批评会产生自我怀疑和侵蚀自尊。从这个意义上来说，生产主义政策将充当生产主义的意识文化范式。

（三）生产主义政策容易忽视老年人晚年的发展意义

积极老龄化是中年活动的价值观和意义的延续，没有将老年期视为人生的一个不同阶段，同样要求老年人在其人生后期阶段为实现价值大放光彩。大多数人认为，健康和活动是在青年和中年理所当然的事情，到了成年后期不能成为衡量老年是否成功的关键标准。老年也是重要的转变，因为他们接受其不能改变的东西，并根据需要采用新的生活方式应对老年生活。许多老年人不打算保持青年或中年特有的生活方式，而是选择简单的生活方式，将注意力转移到精神生活上。晚年生活的意义应该不同于早年生活的意义。

对生产力价值的过分关注可能会让老年人陷入过去，阻碍他们实现生存超越和精神转变。不同的生活阶段应该有不同的追求，局限于过去的生活，就没有办法展开新的老年生活。从这个意义上来说，生产主义的方法将有损老年人独特的发展任务和与老龄化相关的精神需求。另外，老年人的民族与宗教信仰也要得到尊重和鼓励，让老年人因为自身功能退化的不安心理得到安慰。因此，积极老龄化政策将很好地为老年人提供可广泛寻找生活意义的机会。

工具理性是积极老龄化政策的生产主义方法的基础，使其无法将老年人视为整个人，是一种提高经济效益的目的或者手段。因此，生产主义政策有可能利用老年人成为压迫性的文化意识范式，并忽视老年人晚年的发展意义。但是，生产主义政策确实对老龄化有积极的影响，可以帮助建立老年人的积极形象，也有助于消除对老年人的年龄歧视态度和成见，促进老年人融入社会。

四、积极老龄化政策制定中工具理性和价值理性的平衡

平衡工具理性和价值理性，将有助于对积极老龄化有一个更全面的看法，对积极老龄化有一个对老年人更友好的集体共识和认知，以及对晚年发展意义的价值有更大的认识。提升老年人自我价值和正面认知，大力加强老年友好社会建设。为了引起老年人的共鸣，关于积极老龄化的讨论应该包括他们的声音。老年人需被视为老龄化政策的积极参保者而不是被动接受者，他们有权决定什么对晚年生活有价值以及如何上演自己的积极老龄化。基于相互尊重、信任和理解的参与性政策制定，将有助于形成一种对老年人更加友好的积极老龄化的集体意识和文化范式。转变以往将老年人作为"积极应对人口老龄化"行动中需要照护、优待、救助等客体的观念，真正把将要占到总人口近三分之一的老年人视为积极和能动的社会主体，促进老年人参与公共决策，制定出能更好地激发老年人潜能、增强老年人参与社会发展的政策。

第二节　长期护理政策的公共支出比较

一、长期护理服务人口总量比较

由于人口高龄化趋势的加剧，几乎所有 OECD 国家接受长期护理服务的人口比例持续增长。然而，各国接受长期护理服务的人数差异显著。如图 5-1 所示，在葡萄牙、爱沙尼亚、韩国和西班牙等国家，不到 10% 的 65 岁及以上的老人在机构或家里接受正式的长期护理服务，而在瑞士和以色列这一数值超过了 20%。尽管人们对长期护理服务的需求会随着年龄的增长而增加，但国别差异通常不受人口总量的影响。例如，西班牙的人口年龄远远高于荷兰，但西班牙接受长期护理服务的人数却少于荷兰。这也并不是由残障率引致的，因为绝大多数 OECD 国家的残障率发展水平极为相似[1]。因此，在大多数 OECD 国家，日常生活中需要长期护理帮助的人数近似，但是否提供帮助以及如何提供帮助却存在国别差异，这主要归因于各国的长期护理政策的差异。

---

[1]　WHO. The global burden of disease : 2004 update［M］. Geneva : World Health Organization, 2004.

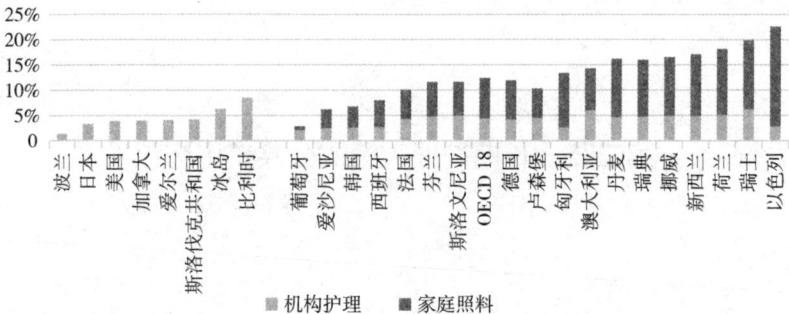

图 5-1 接受家庭或机构长期护理服务的 65 岁及以上人口比例分布图（2014 年）

资料来源：Measuring social protection for long-term care，OECD Health Working Papers，No.93，OECD Publishing，Paris.http：//dx.doi.org/10.1787/a411500a-en.

大多数国家都为有长期护理需求的公民提供一定程度的公共风险分担和社会保障，但覆盖的水平和类型各不相同。如北欧的一些国家建立了由税收融资的全民性社会保障系统，全面覆盖长期护理服务的成本，该保障系统可与某些发达国家的全民医疗保障系统相媲美。也有一些国家建立了专门的社会保险计划，补贴全部费用，如荷兰和日本；或者补贴部分费用，如韩国和德国。此外，如奥地利、捷克共和国、意大利等国主要依靠现金福利来帮助有长期护理服务需求的公民。英国和美国建立了经济状况调查的安全网体系，最贫穷的人完全得到覆盖，而最富有的人得到的帮助很少或根本没有[1]。

二、长期护理的公共支出比较

不同类型的社会保障措施，会使公共预算所包括的范围不同。目前，瑞典和芬兰在公共资助的长期护理服务的支出超过 GDP 的 3%，荷兰超过 4%，

---

[1] COLOMBO F, LLENA-NAZAL A, MERCIER J, et al. Help wanted? : providing and paying for long-term care［M］. Paris : OECD, 2011.

而希腊和斯洛伐克共和国公共部分几乎没有任何支出[①]。长期护理服务的公共支出并没有与国家财富呈正相关，反而是财富充足的国家的长期护理服务支出较少，公共支出差异是各国不同的长期护理服务政策选择的结果。德国和奥地利的人均 GDP 水平与瑞典、芬兰和荷兰相当，但瑞典、芬兰和荷兰在长期护理服务上的支出却是德国的 3 倍。随着人口老龄化的持续增长，预计未来所有 OECD 国家的公共长期护理支出将上升[②]。许多国家都认识到，现有对长期护理服务所提供的社会保障是不充分的，一些人会面临成本高昂以及需求无法满足等问题，这些问题将是长期护理服务政策面临的关键挑战。

表 5-1　公共卫生和长期护理支出在 GDP 中的占比

单位：%

类别	保健			长期护理			总计		
	2006—2010 平均值	2060 年		2006—2010 平均值	2060 年		2006—2010 平均值	2060 年	
		成本压力	成本控制		成本压力	成本控制		成本压力	成本控制
澳大利亚	5.6	12	8.1	0	1.4	0.8	5.7	13.3	8.9
奥地利	6.6	12.9	9.1	1.1	2.2	1.8	7.8	15.1	10.8
比利时	5.8	11.6	7.7	1.7	3	2.5	7.5	14.6	10.2
加拿大	5.8	12.2	8.3	1.2	2.5	1.9	7.1	14.6	10.2
智利	3.1	10.2	6.3	0	2.3	1.5	3.1	12.4	7.8
捷克共和国	5.5	11.6	7.7	0.3	1.9	1.1	5.8	13.5	8.9
丹麦	6.3	12.2	8.3	2.2	3.3	2.8	8.5	15.4	11.1
爱沙尼亚	4.3	10.1	6.2	0.2	2.2	1.1	4.5	12.3	7.4
芬兰	5.2	11.2	7.3	0.8	1.8	1.3	6	13	8.6

---

① 资料来源于 OECD. Public spending on health and long-term care : A new set of projections, Paris http://dx.doi.org/10.1787/5k44t7jwwr9x-en。

② 资料来源于 OECD. Public spending on health and long-term care : A new set of projections, http://www.oecd-ilibrary.org/docserver/5k44t7jwwr9x-en.pdf?expires = 1626807813&id = id&accname = guest&checksum = 7FB714AD3B29245AC1483158170333AE。

类别	保健			长期护理			总计		
	2006–2010 平均值	2060 年		2006–2010 平均值	2060 年		2006–2010 平均值	2060 年	
		成本压力	成本控制		成本压力	成本控制		成本压力	成本控制
法国	7.4	13.5	9.6	1.1	2.1	1.7	8.5	15.5	11.3
德国	7.3	13.5	9.6	0.9	2.1	1.6	8.2	15.5	11.2
希腊	5.4	11.8	7.9	0.5	1.9	1.5	5.9	13.7	9.3
匈牙利	4.8	10.6	6.7	0.3	2	1.2	5	12.6	7.9
冰岛	5.8	11.7	7.8	1.7	2.7	2.2	7.6	14.4	10
爱尔兰	4	10.4	6.6	0.5	1.5	1.2	4.5	11.9	7.7
以色列	5.5	11.9	8	0.4	1.3	1.1	5.9	13.3	9.1
意大利	6.1	12.6	8.7	0.7	1.9	1.5	6.9	14.5	10.2
日本	6.1	12.5	8.6	0.7	2	1.4	6.8	14.5	10
韩国	3.3	10.9	7	0.3	2.3	1.6	3.6	13.2	8.6
卢森堡	4.4	11.3	7.4	0.9	1.7	1.7	5.3	13	9.1
墨西哥	2.5	9.4	5.5	0	2.2	1.5	2.5	11.6	7
荷兰	6.4	12.7	8.8	2.3	3.7	3.1	8.7	16.4	12
新西兰	6.4	12.7	8.8	1.3	2.6	2	7.7	15.3	10.8
挪威	5.1	11.2	7.3	2.1	3.1	2.7	7.2	14.3	10
波兰	4.1	10.5	6.7	0.4	2.2	1.4	4.5	12.7	8
葡萄牙	6.5	13	9.1	0.1	1.4	0.9	6.6	14.3	9.9
斯洛伐克共和国	5.4	11.9	8	0	1.9	1.1	5.4	13.9	9.2
斯洛文尼亚	5.2	11.8	7.9	0.7	2.2	1.5	5.8	14	9.4
西班牙	5.6	12.3	8.5	0.5	2	1.6	6.1	14.3	10
瑞典	6.6	12.4	8.6	0.7	1.6	1.1	7.2	14	9.7
瑞士	5.7	12.2	8.3	1.2	2.5	1.9	6.9	14.6	10.2
土耳其	3.8	10.9	7	0	2.3	1.6	3.8	13.2	8.6
英国	6.5	12.4	8.5	0.9	1.8	1.4	7.4	14.2	9.9
美国	7.1	13.2	9.3	0.6	1.3	1	7.6	14.5	10.3

续表

类别	保健			长期护理			总计		
	2006–2010 平均值	2060 年		2006–2010 平均值	2060 年		2006–2010 平均值	2060 年	
		成本压力	成本控制		成本压力	成本控制		成本压力	成本控制
经济合作与发展组织平均值	5.5	11.8	7.9	0.8	2.1	1.6	6.2	13.9	9.5
巴西	3.7	10.7	6.8	0	1.3	0.9	3.7	11.9	7.7
中国	1.9	8.3	4.4	0.1	2.1	1.2	2	10.4	5.6
印度	1.2	6.7	2.8	0.1	1.6	0.9	1.3	8.3	3.7
印度尼西亚	1.2	7.3	3.5	0.1	1.7	1	1.2	9	4.5
俄罗斯	3.1	8.6	4.7	0.2	1	0.7	3.4	9.7	5.4
南非	3.2	8.4	4.5	0.2	0.9	0.6	3.4	9.2	5.1
非经济合作与发展组织平均值	2.4	8.3	4.4	0.1	1.4	0.9	2.5	9.8	5.3
平均值	5	11.3	7.4	0.7	2	1.5	5.7	13.3	8.9

资料来源：OECD（2013），Public spending on health and long-term care：a new set of projections.

第三节　OECD国家长期护理服务的可及性比较

长期护理是为了满足失能老年人在日常活动中需要依赖他人帮助的需求。这些需求得到满足就会有成本，购买专业护理服务就会产生财务成本，即使朋友和家人放弃他们的时间来提供无偿的照护和帮助也会产生机会成本，并对他们的健康和工作能力构成一定程度的风险。公共政策可以解决这些潜在风险的影响，确保高质量的正式护理服务的可获得性和可负担性，并消除家庭提供护理的障碍，降低长期护理需求得不到满足的风险。根据行动路径的不同，公共政策可以分为两种类型：一是支付部分或全部护理服务费用以减少自费支出，即公共风险的分担系统；二是补偿非正式护理的家人和朋友因照料而产生的机会成本，并帮助其保持健康和继续工作。

根据公共政策的行动路径，长期护理公共政策的可及性包括三个层面：一是确保所有需要正式长期护理服务的人都能负担得起；二是降低支付正式长期服务的财务影响；三是补偿提供非正式护理的机会成本。基于这三个维度的含义，衍生出四个具体的评价指标。

第一，护理成本，即相对于个人收入而言，通过专业服务满足个人长期护理需求的总成本。

第二，公共成本覆盖情况，即公共护理计划覆盖的专业服务费用所占总服务费用的比例。如果公共成本分担比例为100%，那么意味着由社会保障体系支付全部长期护理费用，完全消除个人的财务风险。公共成本分担从公共系统的角度量化了长期护理的社会保障水平，但该指标并不能够表明长期护理社会保障的充足性问题。

第三，自付费用，即扣除公共政策承担后，由个人承担的成本费用。该指标是理解社会保障水平是否充足的关键指标，因为它直接涉及社会保护可及性的前两个维度，即长期护理服务的可负担性和支付护理费用后对个人的财务影响。为了评估在给定的情况下长期护理是否可负担得起，需将现金成本与可负担性阈值进行比较。可负担性阈值是指个人在长期护理上可预期到的最大的合理支付水平，在许多国家用中等收入群体平均可支配收入的一半来表示。如果人们面临高于一般收入水平的护理服务费用，要么会放弃一些必需的护理，要么因为使用超过支付能力的护理服务而陷入贫困的境地。

第四，非正式护理补偿率。非正式护理补偿率是基于机会成本角度定义的，如果护理需求是通过非正式护理而得到满足，则需要向非正式护理者和护理接受者提供社会保护的总价值。非正式照护者没有直接支付成本，其价值可以用提供照护所花费时间的机会成本的货币化来衡量。计算机会成本的方法是测算潜在的收入损失，即在相同的时间内从事中等工资水平工作的收入，一般用社会平均工资水平表示。将该机会成本与提供给家庭（照料者或照料接受者）的福利总额进行比较，可计算出补偿率，非正式护理补偿率显示了社会保护制度补偿机会成本的程度。

一、护理成本

OECD 国家在家庭照料服务的成本上存在显著差异。图 5-2 显示了相对于人均国民生产总值的长期护理服务的单位成本。在捷克共和国 1 小时的家庭照料费用低至 7 美元，在瑞典则高达近 70 美元。与之相似的机构护理费用，克罗地亚每周 160 美元，荷兰则为克罗地亚的 10 倍。这种差异可用劳动力成本的差异来解释，即在较为富裕的国家，相对于其他商品的价格劳动力成本很高，越富裕的经济体的整体工资水平也较高，长期护理部门的工资水平也随之较高。然而，护理这种劳动密集型的服务要提高劳动生产率的方法极为有限，因此，在各个国家为同等人数的人口提供护理所需的时间几乎相等。这就意味着，护理单位成本随着国家的富裕而上升，这种现象被称为"鲍莫尔成本病"。这一效应也可解释为什么瑞典和荷兰的长期护理成本比捷克和克罗地亚高得多。家庭照料的小时成本与每小时平均经济产出（每周人均 GDP）呈现出正相关，图 5-3 显示了 1 小时家庭护理费用占每小时平均经济产出的比例。在美国、以色列和法国 1 小时家庭照料的成本约为每小时平均经济产出的三分之一，但在瑞典的成本约为每小时平均经济产出的 120%。在斯洛文尼亚、韩国和美国的机构护理很便宜，成本低于人均 GDP；在比利时和荷兰，机构护理是人均 GDP 的两倍左右。

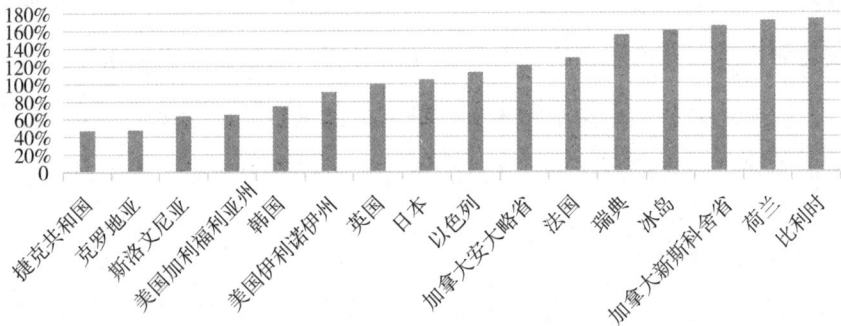

图 5-2　2014 年经济合作与发展组织和欧盟国家长期护理服务的单位成本

资料来源：Measuring social protection for long-term care，OECD Health Working Papers，No.93, OECD Publishing, Paris. http://dx.doi.org/10.1787/a411500a-en.

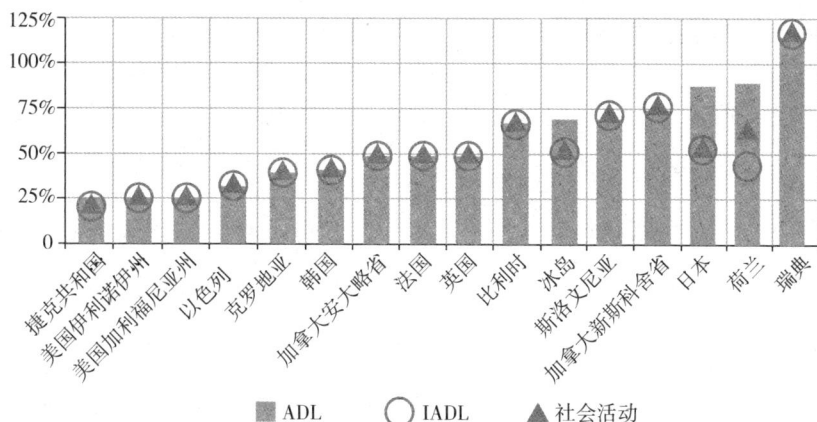

图 5-3　1 小时家庭护理费用占每小时平均经济产出的比例

资料来源：Measuring social protection for long-term care, OECD Health Working Papers, No.93, OECD Publishing, Paris. http://dx.doi.org/10.1787/a411500a-en.

　　长期护理服务是由不同类型的工作人员提供，其资格水平要求不同，因此工资水平之间存在差距。美国的长期护理是一种非技术性的职业，护理人员认证只需要大约 75 小时的培训，相比之下，日本的护理人员认证需要接受 3 年的培训[1]。在荷兰，护理工资取决于所提供的护理类型，日常生活能力的护理通常由专业护士提供，费用也最高，而日常生活能力和社会需求通常由技能较低的工作人员来满足。护理工资的差异可能由工作人员的资格水平造成，较高的费用可能反映出较高的护理质量，也有可能是由长期护理服务的组织和支付方式等其他因素造成的。

---

[1]　资料来源于 A good life in old age? Monitoring and improving quality in long-term Care, OECD Publishing, Paris. http://dx.doi.org/10.1787/9789264194564-en。

二、公共成本分担

图 5-4 和图 5-5 分别显示了中等收入群体在不同级别的家庭照料或机构护理中的公共成本分担情况。各国间的公共成本分担存在显著差异，克罗地亚中等收入人群在家庭长期护理成本中公共分担比例不到 10%，英国、法国和韩国根据需求水平从 45% 到 90% 不等，荷兰、冰岛和瑞典至少有 90% 的长期护理成本费用可以被政府覆盖。机构照护的公共成本分担份额往往低于家庭照护，这是因为住在自己家里的人要面对一系列的生活成本，如护理机构的成本还包括食物、房租（或住在自己家里的机会成本）和供暖等，个人会自付更多的机构费用。在机构护理中，平均收入水平的人最高公共成本分担比例为 80% ~ 90%，而家庭照料公共成本分担比例则接近 100%。

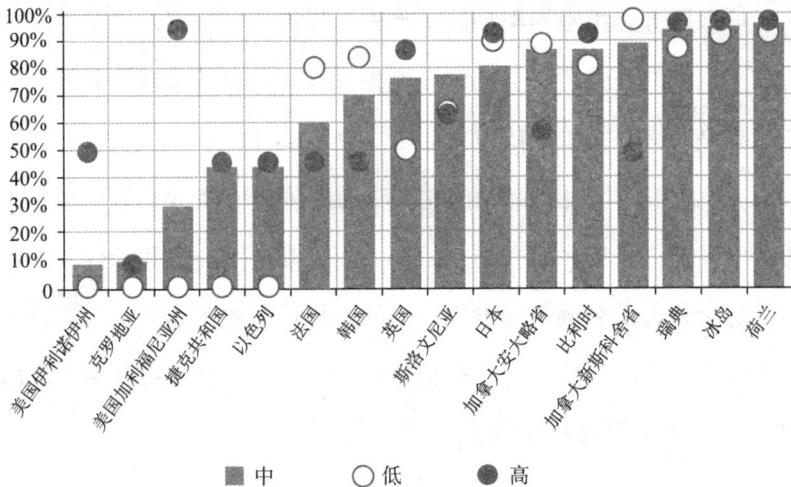

图 5-4　中低收入人群公共成本分担图（家庭照料）

资料来源：Measuring social protection for long-term care, OECD Health Working Papers, No.93, OECD Publishing, Paris. http://dx.doi.org/10.1787/a411500a-en.

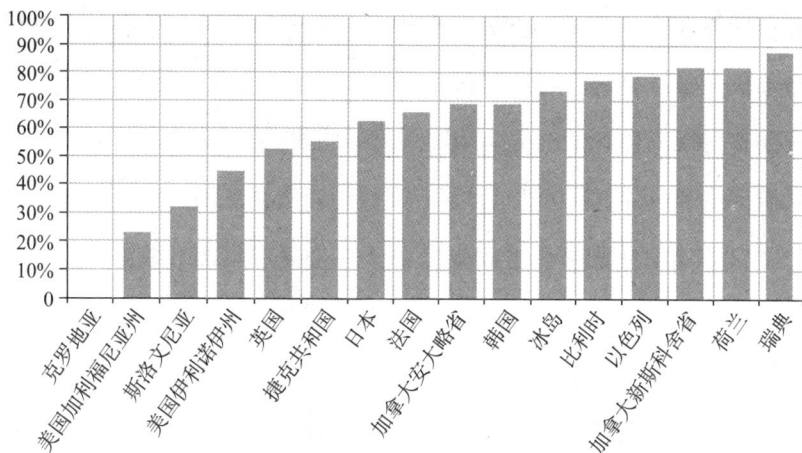

图 5-5　中低收入人群公共成本分担图（机构护理）

资料来源：Measuring social protection for long-term care, OECD Health Working Papers, No.93, OECD Publishing, Paris. http://dx.doi.org/10.1787/a411500a-en.

　　所有国家获得政府资助之前，都要进行护理需求资格评估。法国资格标准是按照日常生活活动（ADL）来测定的；英格兰有一个全国性的资格测试框架并允许地方制定灵活性的政策；斯洛文尼亚有国家层面的护理需求评估模式，地方当局依靠医生、护士和社会工作者的意见来具体实施资格评估。

　　一般而言，长期护理服务的低需求定义为每周需要 6 个半小时的护理，低需求基本上都能获得公共资助。英国的低需求群体没有资格享受社会福利，但仍能根据残疾程度获得现金补助；在美国处于中等收入水平的公民不会因为低护理需求而得到帮助，因为他们被认定为有能力支付长期护理费用。

　　对家庭照料时间的限制导致高需求的公共分担比例较低。在大多数国家，公共费用额随需求程度的增加而增加，反映了需求较高的人即使面临高费用，但也需要社会保护。然而，相当多国家的情况似乎恰恰相反，这往往是因为社会保护制度考虑的家庭照料时间有限制。加拿大（新斯科舍省和安大略省）

为低等和中等需求人群分担的公共费用最高，在新斯科舍省的社会保障制度包括每月最多100小时的家庭照料（大约每周23小时）；同样，在安大略省，公共资助支付家庭照料的全部费用除了特殊情况外，每30天（每周21小时）最多只能提供90小时的护理，如果有人希望获得更长时间的正式服务，就需要自己支付费用，从而降低更高强度的护理公共成本额。斯洛文尼亚（每周20小时）和韩国（每周31小时）也有类似的限制。

大多数国家只进行有限的经济状况调查，但是调查并不是很严格，这意味着高收入和低收入或有资产的人之间的公共成本额差别不大。福利在很大程度上具有一定的普遍性，尽管分配程度各不相同，这也就是荷兰和瑞典公共资助的护理服务具有较高覆盖率的原因。少数国家会采用更严格的经济状况调查，这导致不同经济收入水平的人在公共成本分担方面存在较大差异。美国和英国有全面的经济状况调查安全网，要求人们提供除了满足日常生活以外的所有收入，对能够支付护理费用的失能人群不提供公共资助。这反映了高收入和低收入人群间的公共成本分担额存在较大差距。

对于机构护理而言，除了经济状况调查以外，还需要进行资产调查。一些国家不同收入和资产水平的人在机构照护中，所承担的公共成本额的差异大于家庭照护间的差异。荷兰、日本、加拿大（新斯科舍省）和斯洛文尼亚都对机构护理实行更严格的经济状况调查，但仍然保留了很大程度的普惠性。尽管以色列对家庭照料进行的经济状况调查相对较少，但对住宅护理进行的经济状况调查却非常严格，低收入者无须支付护理费用，而拥有高资产的人需要支付全部费用。

大多数国家在家庭照料的经济状况调查中不考虑人们的资产。资产评估在机构护理中更为常见，如法国、以色列和日本考虑人们选择机构护理下的资产，如表 5-2 所示。在法国和日本，资产评估只适用于食品和住宿的成本。资产评估规则很复杂，且区分为不同类型的资产，自身及其配偶居住的房屋通常被排除在资产评估之外。

表 5-2　在确定家庭护理和机构护理的社会保护时应用资产评估的国家

国家	家庭照料	机构护理
比利时	●	●
加拿大（新斯科舍省和安大略省）		
克罗地亚	●	●
捷克共和国		
英国	●	●
法国		●
冰岛		
以色列		
日本		●
韩国		
荷兰	●	
斯洛文尼亚		
瑞典		
美国（加利福尼亚州和伊利诺伊州）	●	●
	5/14	8/14

资料来源：Measuring social protection for long-term care, OECD Health Working Papers, No.93, OECD Publishing, Paris. http://dx.doi.org/10.1787/a411500a-en.

　　虽然高收入或高资产的人自己有能力支付大部分或全部长期护理成本，但他们仍然可以从社会保护中受益。如果这些人能够共同承担长期护理成本的风险，他们就不再需要为最坏的情况做计划，可以将他们的资源用于其他目的。针对长期护理风险的私人保险产品非常少，而且这些产品只覆盖 OECD 国家的一小部分人口。私人保险选择的缺失以及私人护理保险市场的失灵表明，在护理风险汇聚上即使是对于高收入或有重要资产的人，政府也在其中发挥着重要作用。大多数国家遵循这一理论，对长期护理提供普遍的社会保护。

三、自付费用

自付费用指标量化了社会保护无法覆盖全部护理费用时人们所面临的财务风险，以个人承担自付费用的比例占个人可支配收入的百分比来表示。对于家庭照料中低需求的中等收入家庭而言，其自付费用接近或低于可承受的门槛。这表明，每周需要大约 6.5 小时护理的人群通常不会由于经济原因而无法使用护理。在超过半数的国家，中等收入群体在中等需求的家庭照料方面的自付费用低于可承受的阈值。然而在相当多的国家，该费用超过了这一阈值，意味着对于那些不能依靠家人和朋友提供无偿照护的群体来说，即使满足社区中的中度需求也无法承担长期护理服务的费用。出现这些情况的原因有很多，比如法国 APA 规定了针对各层次需求的最大护理服务，但该服务低于人们实际的护理需求量，任何额外的服务都必须自费，这使大多数人无法负担费用。在法国，失能老年人既可以从政府所提供的长期护理服务中获得帮助，也可以通过健康保险获得长期护理服务补偿，尽管这两类资助提供的情况存在较大的地区差异。

在家庭照料中，国家给予长期护理服务重度需求群体的支持还远远不够。比如一些国家对社会保护制度所包括的家庭照料时间加以限制，加拿大对低度或中度需要长期护理的人提供全面的社会保护，但每周只有 23 小时（新斯科舍省）或 21 小时（安大略省），这使高度需求群体（每周需要大约 40 小时的护理）必须通过正式护理来满足自身需求。以色列限制护理的类型和数量，只包括日常生活所需，每周最多 22 小时。在这种情况下，个人自费成本很高，意味着正式的家庭照料对于重度需求群体而言并不是最佳选择。

　　图 5-6 显示了不同需求层次的中低等收入群体接受家庭照料的自付费用占其可支配收入的比例。图 5-7 显示了不同需求层次的中低等收入群体接受机构护理的自付费用占其可支配收入的比例。评估付现成本是否负担得起，可以比较负担能力阈值。对于家庭照料而言，负担能力阈值是个人在不低于贫困门槛（50% 的人口平均可支配收入）的情况下将其收入用于长期护理服务的比例。由于所有的生活成本都包括在机构护理的成本中，因此被认为人们有能力把所有收入都花在长期护理服务上。

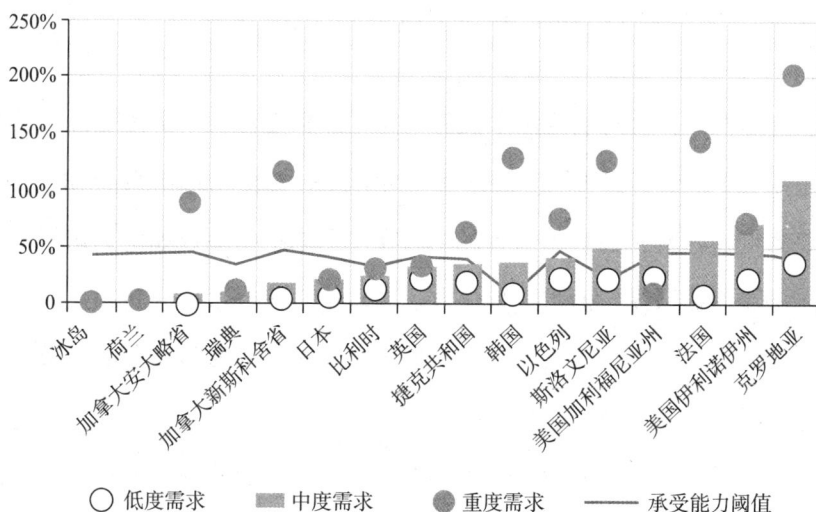

图 5-6　中等收入人群和低收入人群的自付费用和负担能力（家庭照料）占比

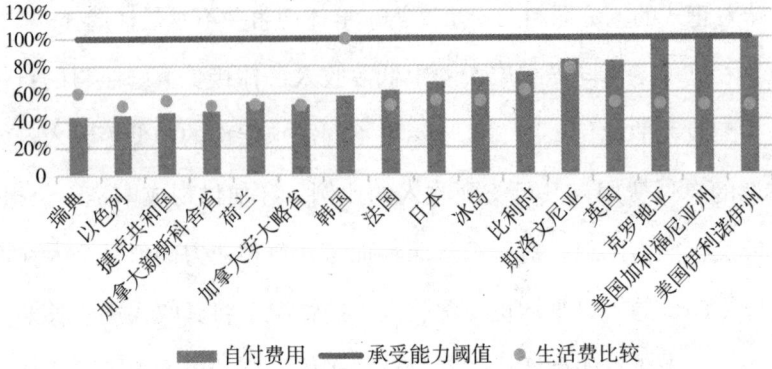

图5-7 中等收入人群和低收入人群的自付费用和负担能力（机构护理）占比

资料来源：Measuring social protection for long-term care, OECD Health Working Papers, No.93, OECD Publishing, Paris. http://dx.doi.org/10.1787/a411500a-en.

在许多国家，针对重度需求人群的家庭照料也比机构护理更昂贵，因此关注公共资金价值是必要的。加拿大和斯洛文尼亚限制了家庭照料的小时数，以便将人们转移到机构护理节约成本。在美国的一些地区如伊利诺伊州，没有明确的小时数限制，但"成本—效益"理论意味着家庭照料如果比机构护理更昂贵，人们将不会留在家中接受护理。美国家庭照料服务的低成本只适用于重度需求群体。

大多数老年人为了保持独立性和对周围环境的自主权，他们更愿意待在家中。大多数经合组织和欧盟国家都明确表示要支持居家护理。如果这一目标延伸到那些无法获得非正式护理的人，那么就可能需要失能人群在选择独立和公共资金的有效使用之间做出取舍。虽然对家庭照料覆盖范围的限制可能会影响个人是否选择家庭照料，但仍可以减轻公共财政压力，使其可以为有需求的人提供更全面的帮助。

护理机构通过提供食物或膳食来支付居民的生活费用，因此，接受机构护理的人不需要保留多少收入或实际上不需要保留任何收入来支付生活费用。当个人没有任何经济来源时，可能会失去部分自主性和尊严。因此，许多国家都制定了明确的规定，确保住在养老院的人至少能得到一定的收入补贴，或者"零用钱"。如表 5-3 所示，美国的收入津贴很低，中等收入的老年人扣除护理费用后只剩下收入的 1% ～ 2%。克罗地亚的津贴同样很低，人们在扣除护理费用后只剩下收入的 3% 左右。在加拿大（安大略省），"护理津贴"仅为平均可支配收入的 5%，但是共同支付额是有上限的，所以大多数人可以得到更多的"零花钱"。英国、法国和捷克共和国的津贴要高一些，大约是人均收入的 9% ～ 15%，而在冰岛和荷兰接受机构护理的中层阶级可剩下收入的 25% ～ 50%。

在美国、克罗地亚和英国，住在养老院的人通常会用掉除了这笔津贴之外的所有收入，这反映出该系统需要经过大量的经济状况调查。在其他普及程度更高的国家，统一税率福利（捷克共和国）、税收抵免（法国）或总额限制（加拿大安大略省）意味着只有低收入者才会将支出减至最低限额。

表 5-3　国家机构护理最低收入津贴（2014 年）

地区	每周收入补贴（以国家货币计算）	中等收入者在护理费用后剩余的可支配收入百分比		备注
		理论最小值 / %	护理费用后剩余的实际金额比例 / %	
美国伊利诺伊州	7.53	1	1	
美国加利福尼亚州	8.78	2	2	
克罗地亚	23.08	3	3	
加拿大安大略省	31.85	5	43	虽然 2014 年的"舒适津贴"仅为每月 138 美元，但也有最高共付额（每月 1731.62 美元），意味着除了收入非常低的人之外，其他人的共付额都远远超过这一数额
英国	24.90	9	9	

续表

地区	每周收入补贴（以国家货币计算）	中等收入者在护理费用后剩余的可支配收入百分比		备注
		理论最小值 / %	护理费用后剩余的实际金额比例 / %	
法国	22.15（或者收入的10%，如果更高的话）	10	34	机构护理的自付费用的四分之一可以作为税收抵免收回，使人们的收入超过最低限额
捷克共和国	收入的15%	15	66	机构护理和统一筹资比例的普遍福利的成本非常低，意味着中等收入的人剩下的不仅仅是最低津贴
冰岛	17238	26	26	除了最低收入补贴，没有人每周支付超过81900冰岛克朗。然而，这一限制并不影响中等收入情况
荷兰	见额外信息	39	43	每周收入津贴包括"零钱"、健康保险津贴、对退休年龄的人的进一步扣除，以及超过147欧元/周的任何收入的25%

资料来源：Measuring social protection for long-term care, OECD Health Working Papers, No.93, OECD Publishing, Paris. http://dx.doi.org/10.1787/a411500a-en.

为帮助低收入者获得更高水平的公共财政资助，几乎所有 OECD 国家对长期护理保险的社会保护进行了一定的经济状况调查，但覆盖范围并不全面。现金津贴无法包括护理服务的所有费用，或有些护理服务不在保险范围之内。这些限制可能使人们面临高昂的自费成本，往往低收入者面临的风险最大。在一些国家，则可能会让最贫穷的老年人无法获得正式的长期照护服务，除非他们有资格享受公共资助的机构护理。

图 5-8、图 5-9 和图 5-10 显示了低收入或高收入的中等需求个体在家中获得专业护理所需的自付费用，他们通常不会被认定为有资格接受公共资助的机构护理服务。冰岛、瑞典和荷兰提供全面的长期护理险，使各收入阶层的自付支出都非常低。加拿大新斯科舍省和安大略省自付费用要高一些，但

仍然适用于各收入阶层。

在英国，这些津贴超过了贫困门槛，意味着低收入的老年人无须支付他们的护理费用。然而，美国老年人的收入可能远低于贫困门槛，即使低收入的老年人已经处于贫困状况，但他们仍需要支付护理费。

低收入群体自付费用最高的国家是尚未将长期护理服务纳入社会保护系统的国家（如以色列），或者福利津贴不能覆盖全部护理费用的国家。比如法国和克罗地亚，其部分长期护理服务费用完全由个人承担，收入较高的人通常可以负担得起这笔费用，但收入较低的人可能无法获得医疗服务。

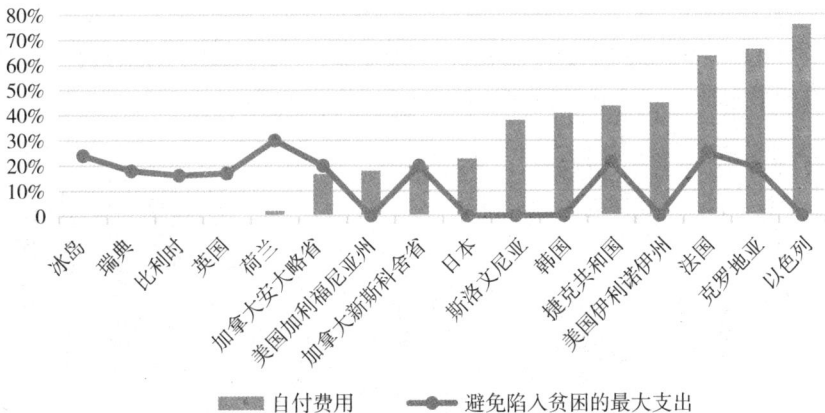

图 5-8　低收入的中等需求家庭护理（22 小时）

资料来源：Measuring social protection for long-term care, OECD Health Working Papers, No.93, OECD Publishing, Paris. http://dx.doi.org/10.1787/a411500a-en.

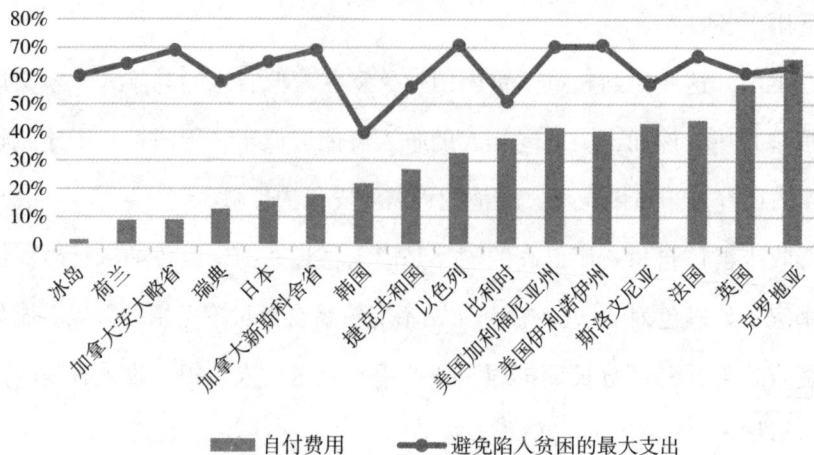

图 5-9　高收入的中等需求家庭护理（22.5 小时）

资料来源：Measuring social protection for long-term care, OECD Health Working Papers, No.93, OECD Publishing, Paris. http://dx.doi.org/10.1787/a411500a-en.

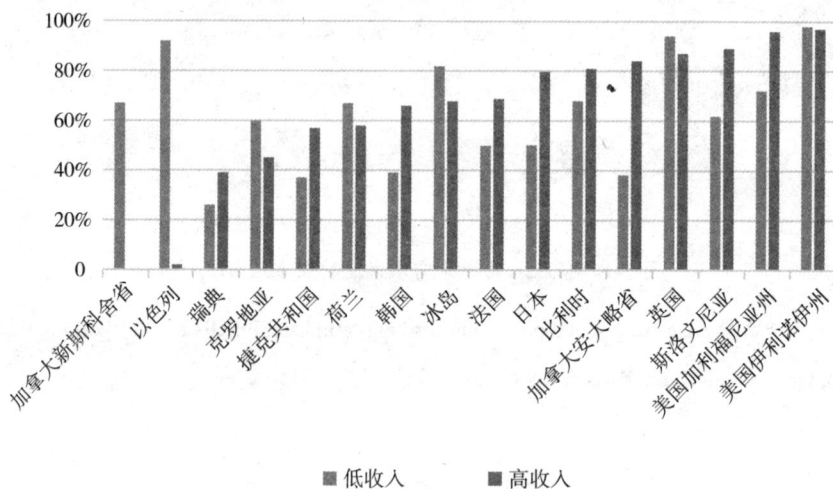

图 5-10　低收入和高收入的机构护理需求比例

资料来源: Measuring social protection for long-term care, OECD Health Working Papers, No.93, OECD Publishing, Paris.　http://dx.doi.org/10.1787/a411500a-en.

为评估个人能否承担护理费用成本，需要将自付费用与可承受性阈值进行比较。对于家庭照料而言，这是个人在不低于贫困门槛（50% 的人口平均可支配收入）的情况下，将其收入用于长期护理的比例。对于低收入群体而言，这一比例更低。由于所有的生活成本都包含在机构护理的成本中，人们被认为有能力将所有收入用于长期护理服务。

在以色列、英国和美国，严格的资产评估意味着人们可能不得不使用大量资产来支付护理费用。一些国家在确定一个人将获得的社会保护水平时，会考虑他的资产和收入，这种情况在养老院中更为常见。在荷兰、法国、日本和比利时，资产评估并不严格。资产水平高的人会为护理费用付出更多，但承保范围是普遍的，其自付费用仅高一点；在这些国家需要长期护理服务的人，通常只需要用自己的资产进行有限的付款。

英国和美国的主要政策问题是缺乏风险共享，这两个国家都谋求改革，例如在经济状况调查体系中增加普遍保护的内容。然而，这些改革要么被放弃、要么被推迟，这一政策问题在两国都没有得到解决。2010 年，美国出台了《社区生活援助服务与帮助法案》，该法案将创建一个自愿的、公共的长期护理保险体系，其福利完全由缴款提供；可在 2011 年，该计划被认为是不可行的，已经被废除。2011 年，护理资助委员会建议英格兰对长期护理费用的支付金额设定一个终生限定额；尽管该计划后来被政府采纳，但由于财政紧缩带来的负担能力问题而被推迟到 2020 年实施。

四、非正式护理补偿率

如果长期护理需要由家人和朋友提供的非正式照护来满足，则没有直接成本。然而，非正式的护理并不是没有成本，家庭亲属放弃了他们本可以用来工作或休闲的时间来实施照护，就产生了机会成本。另外，提供大量非正式护理的人也可能健康不佳或难以继续就业。社会保障制度应该保护人们免受这些风险或为其所承担的费用提供补偿。非正式护理补偿率，指通过量化照料人员的机会成本，用国家平均工资来测算出照料人员实施照料护理所花费的时间成本，并将机会成本与政府给予照护者的总体福利水平相比得出补偿率。目前对非正式照护者的社会保障有一些重要方面无法计算：一是临时护理政策，即通过减少一个人每周提供的护理时间来减少机会成本，而不是对其进行补偿，这在原则上是可以量化并加入补偿率，但现有数据不足；二是人们的健康和就业机会不容易货币化为具体成本。

OECD 国家的非正式照护者通常从社会保障制度获得一些财政补贴，但补贴通常少于专业护理。财政补贴大致分为三类："护理盲"（carerblind）系统，无论正式或非正式提供护理都支付相同的福利；照料人员的时薪；照料人员以及病人的现金津贴。表 5–4 总结了不同国家的财政补贴政策，其中加拿大、法国、韩国和荷兰的社会保障制度提供财政补贴，目的是用这种补贴向提供护理的家庭成员支付费用。

表 5–4　各国财政补贴政策

	护理盲系统	支付给护理者的现金福利	支付给用户的现金福利
比利时		√	√
加拿大新斯科舍省		√	
克罗地亚			√
捷克共和国	√		
英国		√	√
法国		√	
以色列	√		
韩国		√	
荷兰		√	
瑞典			

资料来源：Measuring social protection for long-term care, OECD Health Working Papers, No.93, OECD Publishing, Paris. http://dx.doi.org/10.1787/a411500a-en.

"护理盲"制度同样包括一定时间的照料，不管是否通过正式或非正式的照护满足需求。然而，这种类型的帮助往往受到限制。主要体现为四方面的限制：第一，非正式护理的时间限制。例如，韩国的长期护理制度保险系统内专业护理人员补偿费用与非正式护理人员相同，每月最多 20 天，每天最多 1 小时。第二，最高报销比例的限制。非正式报销额度比专业护理的费用低得多，主要是因为专业护理的费用可能包括大量的日常开支，例如，在加拿大新斯科舍省和荷兰，家庭照护人员得到的报酬不到专业护理费用的一半；但在加拿大新斯科舍省家庭照护仍然高于护理人员的平均工资。第三，护理类型的限制。在以色列长期护理服务保险只包括日常生活所需，每周最多 22 小时。第四，资格认定的限制，例如法国就不允许配偶被雇用为照护者，但其子女可以。

加拿大新斯科舍省的补偿率最高，支付给家庭照护人员的工资加上照护者福利（只在照护者和受照护者都有低收入的地方支付）持平于社会人均工资水平。各国政策揭示了对于是否以及如何补偿非正式护理服务的不同态度和观点。一些国家认为，家庭成员应该相互支持，国家的作用是介入他们无法涉及的领域，而不是支付其机会成本。在英国，社会照护制度对家庭照料起到了重要的补充作用，政府仍然向护理使用者支付现金形式的护理津贴；如果每周提供超过 37.5 小时的非正式护理，护理者也会获得护理津贴，但这些津贴数额很小，无法完全补偿护理所花费的时间。在瑞典，非正式的照护人员很少得到任何补偿，即便如此，每 15 名 50 岁以上的老人中就有超过 1 人每天提供非正式的照护。尽管在原则上一些市政部门是支持的，但这与上述英国政策所表现出来的伦理哲学完全不同。

捷克共和国的补贴是根据需求评估而制定，与个人所接受的护理的类型或费用无关。这意味着接受非正式护理的老年人与接受专业护理的人得到的金额完全相同，但这一金额低于专业护理的成本或非正式护理的机会成本。在比利时、克罗地亚和英格兰，接受非正式护理的老年人只能获得接受正式服务的老年人提供的部分福利，且这些福利不能超过证明护理机会成本的四分之一，即如果护理对象收入或资产较高则无法享受该福利。

第四节　OECD国家照护者支持政策分析

从各国资料显示，家庭照护者人数相当多，如美国目前有 4350 万家庭照护者，每年可节省 4700 亿美元；加拿大有 810 万家庭照护者，每年可节省的照护经济价值高达 250 亿美元。此外，有不少照护者仍在就业，如澳大利亚预估有 286 万照护者，38.4% 的主要照护者还在就业；英国则有 650 万照护者，其中 53% 还在就业，每年节省 1190 亿英镑经济价值；美国则有近 60% 的主要照护者还在就业[①]。照护者的议题日益重要，随着高龄社会来临，社会变迁与家庭结构复杂化，家庭支持力降低，除了关心照护者，也应考虑如何让照护者得到一定的支持，协助支持高龄化照护需求。

一、照护者专法

照护者角色是否被认同或重视，许多国家会通过法律来确认。1995 年，英国颁布《照护法案》，最早通过法律形式确立无偿照护者的职责，强调对照护者的需求及支持性服务。目前一些国家已经出台了全国性的法律明确照护者角色，例如澳大利亚《照护者认可法案》(Carer Recognition Act，2010) (Australia Government，2017)，德国《照护治理法》(Care Realignment Law)、《家庭照护

---

① Embracing Carers. (2017) . 2017 carers report : Embracing the critical role of caregivers around the world. White paper and action plan. Retrieved from https : //www.embracingcarers.com/content/ dam/web/healthcare/corporate/embracing–carers/media/infographics/us/MerckKGaAEmbracingCarers_ WhitePaperFlattened.pdf.

法》（Family Care Act，2015）及《照护支持法案》（Care Support Acts I，II，and III，2015 to 2017）及《居家照护假法案》（Home Care Leave Act，2015），美国的《承认、协助、包容、支持和雇用家庭照护者法案》《Recognize，Assist，Include，Support and Engage（R.A.I.S.E.）Family Caregivers Act》（Administration for Community Living，2017）。部分国家并未制定照护者相关法案，而是通过其他法案提出无偿照护者角色与相关服务措施，如法国的《社会适应高龄化法》（Law on the Adaptation of Society to Aging，2015）；加拿大也未制定联邦正式法案明确照护者的角色，而是由各省各自制定法案。

二、财务支持

照护者会存在因照护工作造成收入较少的经济风险，因此各国通过各种财务支持方案资助照护者，目前最常见的经济支持方式是向照护者提供照护津贴与税收抵免。OECD 的 27 个国家中有 13 个国家提供照护者现金津贴，通过现金给付直接协助与支持照护者财务状况；16 个国家有提供被照护者津贴；8 个国家有提供税收抵免；有些国家提供两种福利，例如挪威、新西兰、斯洛伐克、瑞典和英国；五分之一国家没有任何一种财务支持福利[1]。

各国照护津贴通常会有条件限制，如澳大利亚是针对重度失能者提供照护者照护津贴和年度补助金，加拿大是针对照护退伍军人的照护者提供财务优惠与税务优惠且部分郡提供现金津贴，意大利照护津贴仅提供给照护重度以及日常生活无法自理的照护者。英国照护者津贴是照护者的主要福利，必

---

[1] Global carer facts. International alliance of carer organizations, 2019. Retrieved from http://internationalcarers.org/carer-facts/glo bal-carer-stats/.

须符合特定标准才有资格领取，而且领有照护津贴者必须将其他经济福利排除。在美国，照护者符合标准则可以获得经济援助或是税收减免，减轻照护者的经济负担；夏威夷通过照护者法案，直接提供经济援助以支持就业照护者留在工作岗位。照护者津贴通过免税的形式支持，例如捷克、爱尔兰；有些国家甚至还有完整的税收减免计划，例如加拿大和美国。仍有国家不是以现金给付或税收减免的方式提供财务支持，而是提供实物补助给照护者，例如德国。

三、工作安排

许多照护者同时面对工作与照护，常常无法两者兼顾，有的因照护而必须离开原来职场或改做兼职工作，以求工作与照护间的平衡。为了让照护者在面临照护与职业选择时更具弹性，有国家推出弹性工作安排及照护假两种政策。照护假是各国针对照护者支持提出的重要政策，通常通过法案明确雇主提供有薪照护假及无薪照护假两种。根据 OECD 调查，27 个国家中有 13 个国家提供带薪休假，11 个国家提供无薪休假；可提供弹性工作安排的则有 13 个国家。

北欧国家如挪威、瑞典、芬兰，将照护假当作照护者的基本权利，提供一定时间的带薪照护假；比利时照护临终父母可申请带薪假两个月（并可延长 1 个月）或改为兼职；意大利照护者每月可多享有 3 天的带薪假及 24 个月的无薪假。美国的加利福尼亚州、罗得岛州、纽约州和新泽西州提出带薪家庭假。澳大利亚的《公平工作法》（Fair Work Act，2009）保障了照护者的基本工作权，照护者有权要求弹性的工作条件，并有资格获得每年至少 10 天的带薪休假，另外还有无薪假。德国与西班牙都明确长达 24 个月的部分请假权

（照护假），日本及法国照护假大约为 3 个月。英国照护者可以要求灵活的工作时间，也可休假和请假，但带薪休假需要先与雇主协商才能申请。

四、退休金制度

中高龄照护者不仅因照护产生经济压力，同时也面临自己未来退休后的收入问题。部分先进国家针对这个问题提供相当的财务退休金协助制度。例如，德国政府提供非缴费型退休金信贷、意外保险和失业保险给照护者；英国照护者可获得国家退休金支付，但他们无法获得全额照护津贴；美国照护者可以申请社会保障福利金，用以补充保障收入（基于需求）和社会保障（以前就业）等；澳大利亚虽没有退休金信贷系统，但政府针对全日制照护工作且低于贫穷线以下的照护者，协助提供照护者退休金支付款项；加拿大退休金计划，则为防止个人因各种原因收入低或为零所提供给照护者的保护——增加协助退休金缴款。

五、喘息服务

照护者适度休息才能提供较佳的照护品质。根据 OECD 调查，27 个国家中有 18 个国家提供喘息服务，瑞典为最早的全国提供照护者喘息服务的国家。喘息服务形式有居家喘息及过夜照护服务，也有如"24 小时实时救济"或周末休息的服务措施，甚至有些国家提供照护者温泉酒店住宿，让照护者得到好的休息。德国政府提供保险及部分补贴作为照护者喘息照护和短期照护，用以减轻照护者负荷。喘息制度在许多国家是直接制定法案提供服务规范，如法国《社会适应高龄化法》规定，照护者有权以年度一次性支付方式休息，国家会资助日托或临时住宿服务；美国 2006 年制定《终身喘息照护法案》，改善失能者照护家庭喘息服务的质与量。有部分国家并未提供全面喘息服务，如意大利及西班牙等仅提供部分区域喘息服务，或将服务限制在照护者居住地点。

六、信息提供与训练

照护者如果能适时得到合宜的照护信息或照护教育培训机会，不仅可降低个人照护压力，更能强化照护质量。瑞典政府认为，专业人员与照护者有效的合作，可以创造更多友好的照护服务，因此通过一系列咨询计划，例如热线服务，适时鼓励专业人员和照护者之间沟通，同时也适时提供照护者支持。根据调查 OECD 27 个国家，提供培训的有 20 个国家，提供辅导服务的有 19 个国家。法国政府除了通过信息整合服务中心以外，还让社会工作者定期拜访照护者及提供相关支持协助，并通过在线平台全面提供与新的照护者有关的照护信息法规、法律和支持服务，包括经济补助、教育培训和社会心理支持等。法国照护者协会依照照护者不同阶段的需求提供 6 个在线教育模块。

德国长照保险提供照护课程，照护者可以在团体或在家中学习实用技能，同时也有与其他照护者交流经验的机会。澳大利亚照护者可以获得一系列国家提供的服务包括咨询、同伴支持、辅导和教育，以及通过政府建置的 Carer Gateway 网站和呼叫中心识别后连接当地的面对面服务。其他多数国家则通过与照护者相关的团体合作，提供各种无偿且有系统的照护者信息与教育训练方案，如美国的家庭照护者联盟、英国 Carers UK 等。

除了上述几种项目支持策略外，各国也考虑了照护者可能有不同年龄的需求，如年轻代际照护者可能需兼顾学业、工作与照护家人，从学习中抽出照护时间会影响他们的教育、未来的就业机会等。国际上有一些组织结合教育单位，提供年轻照护者免费的教育咨询与在线课程，协助年轻照护者及时学习。澳大利亚则另为年轻人设立了一个专属网站，提供照护者相关信息与资助的助学金计划。在面对中高龄照护者健康状况较差且需要更多的关怀与协助时，英国则开发了针对 50 岁以上照护者个人化需求的支持计划，帮助照护者学会安排与控制他们的生活和处境，使他们能够做出正确的决定与安排适宜的照护，改善个人健康状况。

第六章　典型国家长期护理保险服务可及性的实践

第一节　韩国社会长期护理保险

2008 年，韩国引入社会长期护理保险，将一个以税收为基础的、地方政府运营的以及将低收入老年人作为目标的长期护理服务项目，发展到现在由国民健康保险工团作为唯一公共保险人运营的、全面覆盖的长期护理保险。韩国将长期护理保险与社会医疗保险分离，有利于长期护理保险的去医疗化，但这反过来又给韩国带来了卫生保健和长期护理协调方面的挑战。单一付款人的集中式长期护理保险系统虽然能更好地分担风险，但也可能成为设计地方层级集成社区护理系统的障碍。

一、引入的背景

2008 年，韩国推出了一项由新的强制性社会保险资助的社会长期护理保险。首先，韩国推出社会长期护理保险最大的驱动因素是极低的出生率以及

预期寿命的延长所形成的人口老龄化[①]。2000 年，韩国全国老年人的比例约为
7.3%，预计到 2050 年将增长至 38.1%[②]，届时韩国将成为世界上老龄化最快的
国家[③]。这种急剧的人口结构变化引致了老年人照护需求的急剧增加，社会公
众对老年人的护理进行了社会保护且形成了共识。

其次，寿命的延长和慢性病的负担导致了国家医疗保险（NHI）的高额
保费支出。2008 年，当长期护理保险被引入时，65 岁及以上的人口约占总人
口的 10.3%，他们的医疗保险支出约占总医疗保险总支出的 29.9%[④]。老年人
的高额医疗保险支出部分原因是社会住院率高，因其在急症医院的住院时间
长且有长期照护需求的人缺乏适当的社区护理环境。因此，提高卫生系统的
效率是政府试图通过长期护理保险实现的目标[⑤]。

再次，韩国社会和家庭规范已经迅速改变。2008 年，只有 38.2% 的老年
人与他们的成年子女生活在一起，57.1% 的老年人表示他们不想在未来与成
年子女生活在一起[⑥]。2006 年，大约 67.3% 的韩国人认为照护老年父母是家庭
的责任，但在 2016 年时只有 32.6% 的人有同样的态度，大多数人认为照护是

---

① YIENGPRUGSAWAN,VASOONTARA. Live long and prosper : aging in East Asia and pacific. World Bank East Asia and pacific regional report［J］. Journal of pension economics and finance, 2017, 16（4）: 586–587.

② Statistics Korea. Statistics on the aged in 2018［R/OL］.（2018–08–16）［2022–03–02］.http://aihumanities.org/aih2018/.

③ United Nations Department of Economic and Social Affairs（UN DESA）. World population ageing 2019 : highlights［R/OL］.（2019–04–20）［2022–03–02］.https://www.un.org/development/desa/pd/content/world-population-ageing-2019-highlights.

④ 同②。

⑤ Kwon S. Future of long–term care financing for the elderly in Korea［J］. Journal of aging&social policy 2008, 20（1）: 119–136.

⑥ 同②。

家庭和政府共同承担的责任或父母自己的责任^①。

最后，长期护理保险的迅速实施是建立在韩国的政治与经济背景之上。政府在引入普遍性长期护理保险，覆盖所有需要长期护理的老年人等方面发挥了关键作用。在 1998 年初，身为总统的金大中对发达国家的福利政策有着浓厚的兴趣，并在卫生和社会政策领域发起了一些普惠性的改革^②。2000 年，卫生和福利部（MOHW）启动老年人长期护理设计委员会，正式讨论长期护理计划，因为其具有广泛的公众吸引力，所以没有引起政治上的反对^③。2003 年，卢武铉接任总统，并按照自己在总统竞选中的承诺实施了长期护理计划。

二、长期护理保险的主要特点

社会长期护理保险由国家健康保险服务局（NHIS）运营（韩国唯一的公共保险机构），并由卫生部监督。韩国强制性社会长期护理保险的关键组成部分包括资格标准、福利、融资、提供者、劳动力和质量控制。首先，在人口覆盖率和资格标准方面，受益人与国家健康保险的受益人基本相同，即所有韩国人，但它主要针对老年人（65 岁及以上）和长期护理保险所列举的有年龄相关的照护需求的年轻人^④。与欧洲国家（如德国）为残疾人（包括老年

---

① Statistics Korea. Statistics on the aged in 2008-2017［R/OL］.（2018-08-08）［2022-03-02］. http://aihuman-ities.org/aih.

② JEON B, KWON S. Health and long-term care systems for older people in the republic of Korea : policy challenges and lessons［J］. Health systems&reform, 2017, 3（3）: 214-223.

③ CAMPBELL J C, IKEGAMI N, KWON S. Policy learning and cross-national diffusion in social long-term care insurance : Germany, Japan, and the Republic of Korea［J］. International social security review, 2009, 62（4）: 63-80.

④ National Health Insurance Service. Overview of long-term care insurance［R/OL］.（2020-01-05）［2022-03-02］. http://www.longtermcare.or.kr.

人）制定的长期照护系统不同，韩国的长期护理保险是在人口老龄化的背景下引入[1]。

代际转移即年轻人向公共保险缴费，但他们获得保险金的资格受到限制，这在一定程度上有助于长期护理保险的财政可持续性。资格由护理需求认证（CNC）系统决定，该系统在全国范围内使用标准化的 52 项功能评估工具和评估程序，也由 NHIS 运营[2]。资格标准最初是三级系统，在 2014 年扩展为五级系统——从一级（完全依赖）到四级（中度依赖），然后是五级（针对生理依赖较轻的痴呆症患者的特殊级别）。2018 年，又推出了第六级这个特殊级别，被称为"认知援助级"，主要是针对痴呆症患者在日间护理中心和家庭临时护理提供实物补贴，而不考虑 CNC 评分的情况[3]。

"认知援助级"的主要福利类型为实物服务，包括机构以及家庭和社区服务（HCBS）。每月的补助金由需求水平决定，通过 CNC 系统进行评估[4]。在最高月度津贴下，由于不存在护理管理服务，受益人及其家人可以自由选择和混合想要的服务。只有在获得实物服务受到限制的情况下，才允许提供特殊的现金补贴；有困难的地区由卫生部明确指定[5]。其支付方案因福利类型而异，包括机构护理、全天护理和短期护理。护理津贴是按天计费的方式报销。对于 HCBS，护理和助理护理津贴是按小时付费，洗澡津贴是按次数付

① JEON B, KWON S. Health and long-term care systems for older people in the republic of Korea : policy challenges and lessons [J]. Health systems&reform, 2017, 3（3）: 214–223.

② National Health Insurance Service. Overview of long-term care insurance [R/OL]. （2020–01–05）[2022–03–02]. http://www.longtermcare.or.kr.

③ NHIS. The long-term care insurance statistics year books [J]. Wonju : NHIS, 2019.

④ 同③。

⑤ 同③。

费。卫生部下属的长期护理委员会根据《长期护理保险法》①定期审查和修改支付表。

韩国的长期护理保险有一个基于缴费的社会保险融资系统，这是一个与国家健康保险共享的特征②。这反映了政策制定中的路径依赖，公众对国家健康保险的熟悉和政府在成功实施国家健康保险方面的经验，促成了长期护理采用社会保险形式。然而，长期护理保险和国家健康保险的融资计划被设计成独立的，以防止国家健康保险出现潜在的财政负担；因为长期护理保险如果只是作为一个额外的组成部分被添加到国家健康保险，就会导致这种情况发生。此外，在政治上，引入一个包括新服务的全新社会保险而支付额外的保险费，而不是对现有的国家健康保险进行修补，会对公众更有吸引力和说服力。

缴费是强制性长期护理保险的主要资金来源，约占总金额的 60% ～ 65%。长期护理保险缴筹资比例被设定为国家健康保险缴筹资比例的一个固定百分比，截至 2018 年为 7.38%。实际使用者的共付率被设定为一般人群的机构护理是 20%，HCBS 是 15%；对于健康保险保费处于支付结构下半部分的低收入人群，这些共付率可以更低，基本生活保障或医疗援助的接受者可免于支付共付费③。

---

① 资料来源于 National health insurance service［NHIS］. Overview of long-term care insurance, 2020, 15（7）. http://www.longtermcare.or.kr。

② KIM H, KWON S, YOON N H, HYUN K R. Utilization of long-term care services under the public long-term care insurance program in Korea : implications of a subsidy policy［J］. New York : Health policy, 2013, 111（2）: 166–174.

③ 资料来源于 Ministry of health and welfare［MOHW］. Press release : better services for more older people, 2020, 15（7）. http://www.mohw.go.kr/react/al/ sal0301vw.jsp?PAR MENU ID = 04&MENU ID = 0403&CONTSEQ = 351370&page = 1。

三、长期护理保险的发展

韩国的长期护理保险刚开始时覆盖面相对较小且具有高护理需求的老年人群，经过十年的发展，人口、服务覆盖面以及基础设施都在不断地发展壮大。如图 6-1 所示。

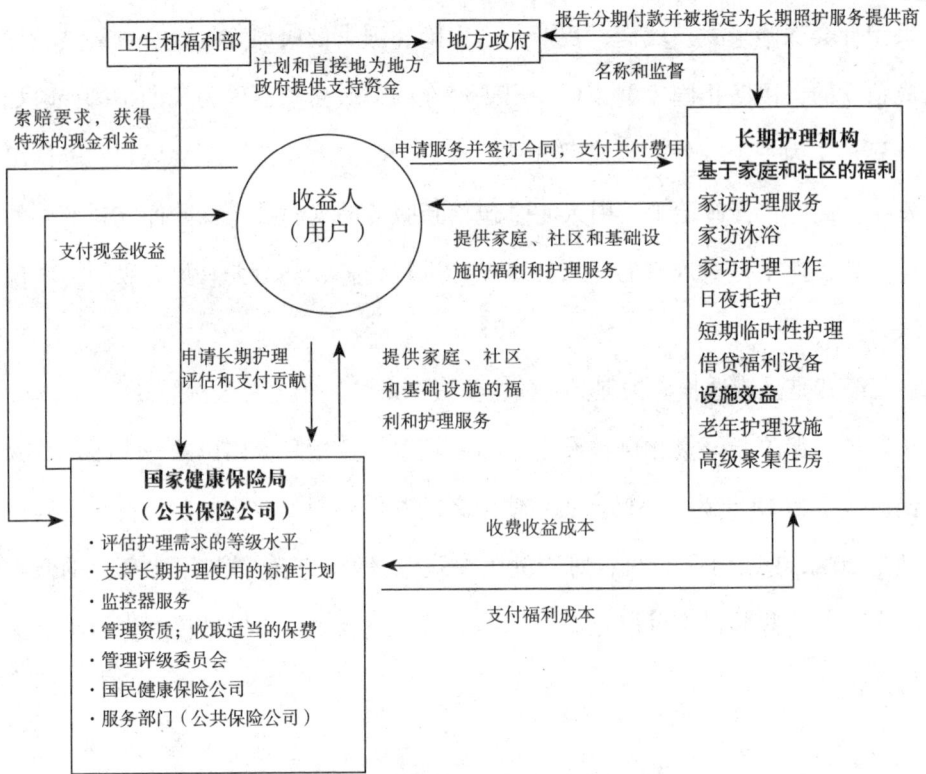

图 6-1 韩国长期护理保险的管理体系

（一）人口覆盖范围

在韩国，获得资格认证的人数在不断增加，在 2009—2018 年，平均每年增长 9.9%。2018 年，获得资格的老年人达到了老年人口总数的 8.8%，如表 6-1 所示，其获得资格的人数占总申请人数的比率有所下降，因为需求最大的人一开始就进入了该系统，此后覆盖范围扩大到了需求较小的人。实际使用者人数的年均增长率为 9.3%，到了 2018 年时实际使用者人数上升到 648792 人。

（二）财务状况

在 2009—2018 年，每个被保险人的社会长期护理保险支出，平均每年增加 5.4%。到 2018 年达到人均 12705 美元，占 GDP 的 0.37%，如表 6-1 所示，每个被保险人在同一护理需求水平上的支出也在持续增加。自 2016 年以来，支出的急剧增加主要是由于增加了对痴呆症患者的预防性和辅助性护理的新水平。在过去十年中，总收入和总支出的年平均增长率分别为 12.8% 和 15.2%，现在支出超过了收入，2018 年的余额成为负数。

表 6-1 韩国社会长期护理保险覆盖的人数与支出

类别 / 人	2008 年	2009 年	2010 年	2012 年	2014 年	2016 年	2018 年	每年平均变化 / %（2009—2018 年）
65 岁及以上人口 / 人	5086195	5286383	5448984	5921977	6462740	6940396	7611770	4.1
申请人数量 / 人	355526	522293	622346	643409	736879	848829	1009209	7.6
总认证数量 / 人	214480	286907	315994	341788	424572	519850	670810	9.9
认证中 65 岁及以上的人口占比（总认证人数÷65 岁及以上人口数 ×100）/ %	4.2	5.4	5.8	5.8	6.6	7.5	8.8	5.5
长护险受益人数量 / 人	149656	291389	348561	369587	433779	520043	648792	9.3
长护险人均年度支出（2015 年购买力平价）/ 美元	3747	7893	9187	9864	10715	11226	12705	5.4

续表

类别/人	2008年	2009年	2010年	2012年	2014年	2016年	2018年	每年平均变化/%（2009—2018年）
长期护理保险支出占GDP的比例/%	0.04	0.16	0.21	0.22	0.25	0.29	0.37	9.8
总收入（2015年购买力平价）/万美元	101400	243200	335600	415400	483900	551700	717700	12.8
总支出（2015年购买力平价）/美元	64700	222600	302000	342600	449000	550800	793200	15.2
总支出占收入（总支出÷总收入×100）/%	63.8	91.5	90	82.5	92.8	99.8	110.5	118.75
余额（总收入–总支出）/万美元	36700	20600	33600	72800	34900	900	−75500	−2.4

资料来源：《韩国长期护理保险统计年鉴》，http://www.longtermcare.or.kr/npbs/d/m/000/moveBoardView?menuId=npe0000000780&bKey=B0010&prevPath=/npbs/d/m/000/moveBoardView.

（三）服务提供

虽然韩国长期照护服务由社会长期护理保险资助，但主要由私人提供商提供；个人长期照护机构平均每年增长6.1%。在第一个十年期间，长期护理保险、HCBS组织的数量增加了一倍多，长期照护服务设施和护理人员的人数增加了两倍，如表6-2所示。工人（劳动力人数）和护士助理（注册护士）每年分别为15.1%和10.5%的增长率，同期社会福利工作者人数的变化为–2.1%。

表 6-2　韩国社会长期护理保险下的长期护理机构和劳动力

类型	2008 年	2009 年	2010 年	2012 年	2014 年	2016 年	2018 年	每年平均变化 / %（2009—2018 年）
个人机构 / 所	4856	10135	11113	11080	12569	15401	17254	6.1
企业机构 / 所	3054	3889	3585	3695	3667	3704	3708	-0.5
地方政府机构 / 所	182	227	215	203	228	213	245	0.9
其他机构 / 所	226	309	66	78	79	80	83	-13.6
家庭及社区服务 / 人	6618	11931	11228	10729	11672	14211	15970	3.3
设施 / 件	1700	2629	3751	4327	4871	5187	5320	8.1
老年护理设备 / 件	1379	1695	2408	2588	2714	3137	3389	8.0
老年集体住房 / 所	321	934	1343	1739	2157	2050	1931	8.4
劳动力人数 / 人	4195	6313	7136	6751	11298	14682	22305	15.1
社会福利工作者 / 人	2951	3617	3370	2735	2683	2675	2999	-2.1
注册护士 / 人	2373	4379	5500	6560	8241	9080	10726	10.5
护理助理 / 人	102456	330220	454921	233459	266538	313013	379822	1.6

资料来源：《韩国长期护理保险统计年鉴》，http://www.longtermcare.or.kr/npbs/d/ m/000/moveBoardView? menuId=npe0000000780&bKey=B0010&prevPath=/npbs/d/m/000/ moveBoardView.

（四）质量监测公众

长期护理保险从一开始就引入了质量监测方案。第一次全国质量检查是2009 年在自愿的基础上进行的，而 2010 年为强制实施检查。这是一种按绩效付费的实施方案，包括高绩效员工和公众。目前的质量监测仅是机构层面的质量评估，尚未建成一个标准化的、由居民 / 公估人员的评估系统来监测护理质量、健康结果和生活质量的质量监测方案。

四、长期护理保险发展面临的政策困境

韩国社会长期护理保险对国家健康保险医疗服务的使用，产生了不同的影响。Lee 和 Moon[1] 使用全国范围内的行政数据和差异法，揭示了长期护理保险的引入减少了总的医疗保险支出和住院服务使用，但它增加了门诊护理使用和药品支出。Kim、Kwon 和 Kim[2] 经过研究表明，长期护理保险的受益者更有可能入住急诊医院，但使用长期照护服务医院的可能性较小。为了推动长期护理保险更加 "以人为本" 和可持续性发展，需要解决如下政策问题。

第一，在人口覆盖范围和金融可持续性上日本长期介护还需扩大和提高。保险在 2000 年开始覆盖约 12.4% 的老年人，其占总人口的 17%；远高于 2018 年韩国 8.8% 的老年人覆盖率，以及韩国老年人占总人口的 14.3% 的比例[3]。考虑到韩国人口老龄化的速度，需要扩大社会长期护理保险的覆盖范

① LEE H, MOON Y. The effect of long-term care utilization on health care utilization of the elderly [J]. The Korean journal of health economics and policy, 2015, 21（3）: 81-102.

② KIM M, KWON S, KIM H. The effect of long-term care utilization on health care utilization of the elderly [J]. The Korean journal of health economics and policy, 2013, 19（3）: 1-22.

③ CAMPBELL J C, IKEGAMI N. Long-term care insurance comes to Japan [J]. Health affairs, 2000, 19（3）: 26-39.

围。由于覆盖率扩大，保险缴费比例占 NHI 收入的比例从 2018 年的 6.55%
上升到 7.38%，随后在 2019 年和 2020 年又增加了两次，分别为 8.51% 和
10.25%；其 2020 年缴费占收入的比率为 0.68%，仍远低于德国的 3.05% 和日
本 1.5%[①]。韩国需要设定扩大覆盖范围的目标，并考虑社会共识的长期护理保
险财务的可持续性发展，因此，在加强基于循证的政策制定时，政府则需要
促进各方利益相关者通过国家政治过程建立一个跨医疗卫生和长期照护服务
的系统。

　　第二，与人口覆盖率一样，提高服务覆盖率和保证护理质量将是未来几
十年的重要议程。政府举办机构的护理质量高于同行，但大多数优先供应商
都是私人的小型养老院，其数量迅速增加并导致激烈的竞争[②]。价格是根据长
期护理保险安排的，所以供应商之间的竞争不应是价格而是质量。然而在实
践中，长期照护服务的客户很难对服务质量进行准确和恰当的评估，这将会
导致竞争主要是基于护理机构的建筑、结构或者非法的价格折扣，而不是实
际的护理质量[③]。此外，在劳动力市场上，护理人员间的高度竞争导致了护理
工资不断降低[④]，最终的结果是过度的竞争不可能提高社会效率。目前韩国正
在通过检查养老院的方式促使其提高质量、提供护理指南以及对直接护理人
员的经济支持等方式解决不正当竞争产生的效率损失[⑤]。

---

① 　资料来源于 Ministry of health and welfare［MOHW］. Press release : better services for more older
people, 2020, 15（7）. http://www.mohw.go.kr/react/al/ sal0301vw.jsp?PAR MENU ID ＝ 04&MENU ID ＝
0403&CONT SEQ ＝ 351370&page ＝ 1。

② 　NHIS. The long–term care insurance statistics year books［M］. Wonju : NHIS, 2019.

③ 　SEOK J E. A study of rationalization of regulation for strengthening the publicness of long–term care
services［J］. Health and social welfare review, 2017, 37（2）: 423–451.

④ 　同③。

⑤ 　LEE J S, LEE H Y, HAN E J, et al. Study on the improvement of incentive system to improve the quality
of long–term care［M］. Seoul : National Health Insurance Services, 2012.

为了提供"以人为本"的长期护理服务，福利计划正在朝着多样化、定制化和有效协调的方向发展。此时，需要加强由注册护士等专业人员提供的护理服务，目前的工作人员大多是个人护理助理，而受益人的情况复杂，其需求超出一般日常生活照料的范围①。一个由跨学科团队提供的综合家庭护理计划，已经通过测试并将实施②。在韩国第二个国家长期护理保险计划（2018—2023 年）中，正在测试和扩大在疗养院中引入一个特殊的护理单位③，为长期护理机构招募和保留一支高质量的护理队伍。

第三，主要的政策议程则是更好地协调医疗保健和长期照护服务。特别是长期照护服务设施和长期照护服务医院（由国民医疗保险覆盖）的角色和入院标准，目前是在没有考虑到对方的情况下确定和统一。一项关于全国老年人在长期照护服务设施和长期照护服务医院的护理需求调查研究显示，在有较低医疗护理需求的老年人中，持续有人员进入长期照护服务，大约三分之一有严重临床护理需求的居民留在长期照护服务设施中，而长期照护服务设施中不提供医疗服务④。大多数长期护理院和长效护理设施都是私营机构，更多的病人意味着这些机构有更多的利润。国家健康保险下的服务福利包往往比长期护理保险的福利包更具有优惠政策。例如，国家健康保险对自付费用的 6 个月上限规定，导致私营的长期护理院服务的自付费用可能低于长期

---

① 资料来源于 Ministry of health and welfare［MOHW］. Press release : Better services for more older people, 2020, 15 July. http://www.mohw.go.kr/react/al/ sal0301vw.jsp?PAR MENU ID ＝ 04&MENU ID ＝ 0403&CONTSEQ ＝ 351370&page ＝ 1。

② MOHW. 2018—2023 secondary long-term care basic plan［R/OL］.（2017-01-17）［2022-03-02］. http://www.korea.kr.

③ MOHW. Community-based integrated care（community care）［R/OL］.（2020-07-15）［2022-03-02］. http://www.korea.kr/special/policyCurationView.do? newsId ＝ 148866645.

④ KIM H, JUNG Y I, KWON S. Delivery of institutional long-term care under two social insurances : lessons from the Korean experience［J］. New York : Health policy, 2015, 119 : 1330.

护理医院（由国民医疗保险覆盖）的老年患者的费用。

　　一个集中的、全国性的长期护理保险具有高效的风险集中和公平的福利待遇的优势。但在韩国目前建立的基于社区的综合长期护理系统，对于满足老年人的当地需求来说可能并不有效。在国家长期护理保险制度下，地方政府目前的作用有限，主要是为指定长期护理机构和执行法规提供行政支持。地方政府还负责为那些护理需求水平略低于资格标准的贫困老年人提供福利服务，如个人护理和家务支持，并为其提供资金支持①。然而，地方政府在发挥这些作用方面的表现，取决于其财政和人力资源以及地方政府的政治承诺。地方政府的作用在未来将更加重要，在 2026 年之前建立综合的社区护理系统来补充长期照护服务系统，将是韩国向超老龄化社会过渡的一个重要政策举措②。

　　第四，韩国在长期护理保险方面的经验，可以为老龄化国家在长期护理保险融资的制度设计和政策实施方面提供一些经验。从国家健康保险中分离出来的长期护理保险具有潜在的去医疗化的好处。然而，这两个独立的保险系统可能会在调整保险资金机制、协调医疗保健和长期照护服务方面面临挑战。长期护理保险的管理也很重要。一个由单一支付者组成的集中式长期护理保险系统具有更大的风险集中的好处。然而，长期护理保险的提供需要本地化，在社区的连续护理中满足老年人的需求。集中的资金可能会限制在地方上，设计和实施基于社区的护理能力，并在人口覆盖率、福利/成本覆盖率和规模可持续性之间进行权衡。

---

① MOHW. 2018–2023 secondary long–term care basic plan［R/OL］.（2017–01–17）［2022–03–02］. http://www.korea.kr.

② 资料来源于 MOHW. Community–based integrated care（community care），2020, 15 July. http://www. korea.kr/special/policyCurationView.do? newsId = 148866645。

　　韩国从针对高需求人群的基本年龄开始逐步扩大人口覆盖率和福利水平，早期长期护理保险的缴筹资比例比较稳定，最近连续三年有所提高。未来持续的老龄化趋势将继续对长期护理保险的规模可持续性构成威胁。然而，严格的福利方案可能会导致老年人对有限财务进行保护。

第二节 日本地域密集型服务体系的变迁及启示

一、日本地域密集型服务的变迁

日本在介护保险建立之前，是以"社会福利"形式提供服务，通过市町村等行政机关筛选符合资格的使用者，并为其选择法律上规定必要的、最基础的服务项目，大部分使用者以独居、入住机构的高龄者为主。社会福利意义上的介护意识带有浓厚的国家照护色彩，使用者仅依赖国家的权限和责任得到福祉，被视为公共服务的一种行政处置。社会福利制度无法应对日本的核心家庭化、高龄人口增加及照护意识开始转变的现实。

2005 年，介护保险建构"地域性整合照护服务体系"，打破了以往定型化服务类型，创建了地域密集型服务和地域支援事业两种模式。至此，介护保险调整都是以"地域性整合照护服务体系"的理念为核心逐步调整。地域密集型服务是根据地区实际情况灵活操作的介护模式，不局限于某项具体服务类型，而是开展复合型的服务，如小规模多机能型居宅介护，即看护（居家护理）、访问（居家服务）、通所介护（日间照护）、短期入住等服务的综合和集成。复合型事业可根据高龄者状态发生变化时，灵活地、持续多样地提供服务项目，让高龄者能在居住习惯的区域内持续生活。地域支援事业由市町村成立的日常生活支援事业体作为主体，提供预防照护和其他介护保险难以覆盖的服务。地域支援事业是提供健康促进和社会参与服务的单位。

　　日本介护保险主要以"地域密集型服务"和"地域支援事业"两大模式运行，市町村从行政角色转变成为保险人角色，并将框架外的服务也引入介护制度。对于需要介护的高龄者来说，通常也会有医疗需求，例如长期卧床导致压伤的医疗处置、多重用药、失智症照护等，再加上日本社会性住院问题加重，使介护保险改革开始思考长期照护和医疗整合。从医疗人员角度来说，出院后的高龄者不是完全没有医疗需求，为了确保出院后的医疗和介护服务，须建立生活重建计划，由区域内的基层诊所医师和介护事业者继续执行治疗与护理。从介护事业者角度来说，从住院到回家中的介护内容，应是密不可分的。为了实践地域性整合照护服务体系理念，建构一个不分正式或非正式照护，使高龄者生活得以重组且持续居住在习惯区域内的体系。承接早期出院高龄者照料生活重新组建的任务，意味着照护与医疗整合体系的建立。

　　2013 年，日本的社会保障改革程序法引导了 2014 年介护保险法的调整方案，为了让高龄者尽可能居住在习惯区域内且持续生活，并重视高龄者能够自立地重组日常生活，应该建立包括在宅、医疗、介护、介护预防、生活支援在内的综合体制。此时的地域性整合照护服务体系比起早期更加丰富，一是强调"介护预防"的重要性，改变了原先仅强调"介护"限制于在宅、医疗、介护、介护预防、生活支援等五大要素的现实。二是地域性整合照护服务体系强调介护和其他五大要素一体化的整合性提供，促成复合体事业在日本各地的蓬勃发展。

　　日本介护保险创立至 2014 年，保险沿革与地域性整合照护服务体系的变革，如表 6-3 所示。图 6-2 则呈现了地域性整合照护服务体系的结构。"日本地域性整合照护服务体系组织结构"以"高龄者住所"为中心，由照护管理专员负责协调介护、医疗、生活支援等相关服务。在介护方面，当高龄者需要介护时，则以日常生活区域为范围，并为其提供社区和居家型服务或住宿型服务。介护制度弹性运用复合型事业（小规模多机能），同时提供居家、日照、短期入住等服务；在生活支援、介护预防方面，由地方老人俱乐部、自治会、非营利组织办理健康促进和健康管理活动，目的是让高龄者预防及延缓失能，得以持续在习惯的居住环境中生活；在医疗方面，重视诊所和区域医疗体系连接，让基层医疗与介护事业者共同为高龄者提供一线照护与照护措施。使高龄者得以在熟悉的日常生活圈，通过照护管理机制得到介护、医疗、生活支援、介护预防等连续性照护服务。日本政府以地域性整合照护服务体系构筑长期护理服务输送体系，面对大量的高龄人口增加，介护保险同样遭遇收入来源不足的困境。

表 6-3　日本介护保险调整地域性整合照护服务体系

年代	地域性整合照护服务体系改革事项
2000	创立介护保险
2005	建立地域性整合照护服务体系，包括地域密集型服务和地域支援事业；重视介护预防
2008	介护事业者的相关法令和管理体制整备
2011	强化地域性整合照护服务体系，定期巡查 24 小时及时防范的复合服务以及介护预防和日常生活支援事业体
2014	扩充地域性整合照护服务体系，加入在宅医疗、介护连携、失智症照护；介护预防由市町村为责任主体的社区支援事业提供
2017	强化地域性整合支援中心的自立支援和预防失能服务；建立生活医疗管理、照护与终老的介护医疗设施

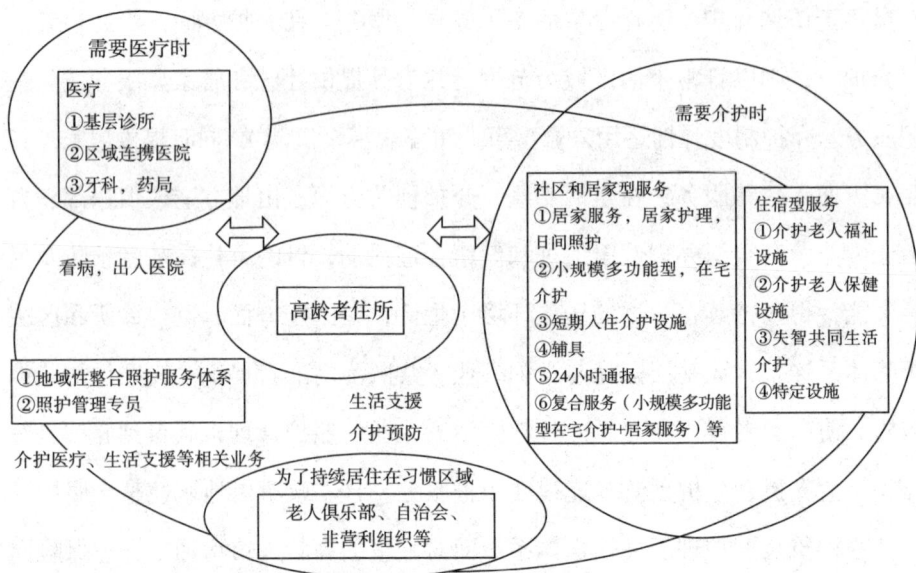

图 6-2　日本地域性整合照护服务体系组织结构

介护保险创立的前五年，由于公务费用和保险金收入使服务量成倍增长，但财政资源难以应对支付压力。日本政府在 2012 年实施税收和社会保险的同步改革，期望通过改革来稳定收入来源，但是迄今为止，收入来源已大部分用光且需要以借用款周转。增加缴费会造成高龄者负担，调整幅度也较为有限。再加上战后婴儿潮期间出生的人口在 2025 年将达到 75 岁，可预期介护需求量又将进一步扩大。因此，为了使制度可持续并解决收入来源短缺的问题，介护保险给付只能转向集中在介护程度较高的高龄者。然而，介护保险集中在"要介护"程度较高的使用者上，首当其冲的就是"要支援 1、2"（失能程度较轻）使用者。在 2005 年调整案中，"要支援 1、2"不再由介护保险给付，转为由"介护预防"给付；2014 年调整案更将"地域支援事业"和介护预防一体化，将访问介护（居家护理）和通所介护（日间照护）纳入日常生活支援综合事业中。介护预防由地方事业保险人（市町村）提供预防管理活动，使用者从原本的介护保险给付对象中被分割出来。

此举措被认为，日本政府逐步将介护保险从"给付型"（使用者选择保险事业者并使用服务），转为"事业型"（使用者参加市町村开展的运动教室等介护预防活动）。对于要"支援1、2"的高龄者来说，即便从"给付型"转为"事业型"，如果自身介护程度加重之后，最终还是会成为介护给付的对象。由于高龄者进入"要介护"状态的原因复杂，防止失能程度恶化的方法也不同，应依照每个人实际情况选择适合的介护预防方法，如果"支援1、2"的高龄者被半强制地要求参加介护预防事业活动，不仅起不到延缓失能状况的功效，也起不到缓解财政压力的作用。关于介护预防相关的实证资料很难积累下来，因此，日本厚生劳动省目前推行"数据健康计划"对于参加介护保险和医疗保险的高龄者健康数据进行分析，目标是建立更有效、更健康以及可持续的介护预防措施。

日本的介护制度已经进入第三阶段。第一阶段的社会福利时代也带有浓厚的国家照护色彩的阶段，是靠着行政处置提供独居和入住机构的高龄者最基础的服务项目；第二阶段"减轻家人照护负担"，是以建构地域性整合照护服务体系为基础，结合在宅、医疗、介护、介护预防、生活支援等五大要素，期望重建家庭功能，并且使高龄者能在习惯居住的区域持续生活终老；第三阶段为新任务，是以健全"地域性整合照护服务体系"为核心，但面对无可避免的财政的挑战，宜将介护"地域性整合照护服务体系"纳入在宅、医疗、介护、介护预防、生活支援等五大要素，目标是建构一个高龄者在全天介护状态下，既能一个人独居也不需要入住养护机构，而是居住在习惯区域持续生活的方式。在长期照护核心价值解释上，日本介护制度照护是从"补充"向"接替"家庭功能的方向发展。

二、日本地域性整合照护服务体系的启示：多元整合机制

整合社区长期护理资源，连接一个地区内的长期护理个案管理单位、专业照护（如居家护理所、治疗所）、社区关怀据点等，构建不同服务提供者的方式。从个案及照护家属角度来说，通过长期照护给付及支付制度包设计，在给付额度内可以自由选择、灵活运用不同项目的服务，个案和照护家属能够根据制度包额度进行选择。在日本介护保险陆续调整案中，确保一个人即使在独居或需要全天照护状态下，仍然能在宅介护和终老，故此医疗将成为不可或缺的部分。在此脉络下，日本于 2006 年建立"在宅疗养支援诊所"、2014 年发展出"机能强化型在宅疗养支援诊所"和"机能强化型居家护理所"，真正实现以个案的家为诊疗场域，提供全年、全日不间断地支援在宅医疗和居家护理服务，并与区域范围内的长期照护单位共同照护高龄者。日本在宅医疗和访问看护（居家护理）补充了"地域性整合照护服务体系"，包括了卧床老人、在宅患者，强调在宅临终照护，实现了介护和医疗一体化。

为减轻长期照护或医疗成本方面，有必要在高风险个案发生失能之前，设计一套延缓失能的健康老龄化政策方案，这个方案体系包括整合医疗及长期照护体系，推动高龄友善环境，强调测量筛选。日本"地域性整合照护服务体系"设计了"介护预防"和"生活支援"两大核心预防失能，是补强社区整体照护体系不可缺少的项目。回顾日本介护预防的发展历程，给予预防介入的实际成效仍难达成共识，因此，日本厚生劳动省结合高龄者介护和医疗保险数据健康计划进行分析，通过实证研究结果来确保介护预防策略是否能成功。日本面临介护保险收入来源不足的困境，保险给付开始返限于介护程度较高的高龄者身上，2014 年介护保险调整案甚至将居家护理和日间照护编入介护预防和生活支援综合事业。针对长期照护财源可持续发展陷入的困

境，可通过限制失能者的使用范围（仅限于重度失能者，其一直为政策讨论的核心）来实现。

　　Evashwick 提到的照护整合机制有四种类型：组织层级整合、财务整合、个案管理、信息平台整合。日本介护体系已将四方面机制融入考虑，使用"组织层级整合"和"个案管理"两个分项，并考虑财务和信息平台的整合。照护整合机制中的"信息平台整合"也是挑战，因为照护管专员需要对评估结果和单位派案及追踪、不同单位之间或长照和医疗信息串接。因此未来提升长期照护质量时，应优先考虑信息平台整合，让不同专业间、提供者和使用者间、公部门和产业间，皆获得透明且完整的信息交流和勾稽平台。整体而言，连续照护整合模式的，政策架构制定仍应回归"以个案和家属为中心"的实现，落实人性照护、在地终老和提供连续照护的目标。

第三节　德国长期照护福利充分性的考量

一、福利的充分性

长期护理制度仅用于支付长期照护服务的基本成本而非综合成本，这是基于确保制度通过的政治妥协。从1995—2008年，通货膨胀导致福利调整的失败，同时导致福利价值的下降。2008年，德国通过立法增加了福利，并从2015年开始引入自动指数化。尽管该长期护理保险包括居家和养老机构的护理，但它明确不包括食宿费用。这极大地影响了养老院护理的可承受性，因为福利只部分覆盖了护理本身的成本，对其余部分不支付任何费用。根据Rothgang（2014）估计，以每月3302欧元为典型的养老院居民将面临1792欧元的口袋成本，尽管其已获得最高水平的保险福利资助。因此，大众对依靠产期护理保险制度来支付养老院费用的依赖逐年上升。在实施社会长期护理保险制度之前的1992年，每千人中有8.4人依靠社会援助来资助住在养老院的老年人，到1998年下降到3.5人的低点，2013年又上升到5.5人，平均每年增长约3%[①]。

尽管整个德国的长期护理保险收益数额是一致的，但供应商的费用却不一致。选择成本较高的供应商或居住在供应商收费较高地区的受益人，将需要支付额外费用才能获得同等水平的服务。如果受益人认为长期护理保险基

---

① NADASH P, DOTY P, SCHWANENFLÜGEL M V. The German long–term care insurance program : evolution and recent developments［J］. The gerontologist, 2018, 7 : 588–597.

金没有必要而选择家庭护理也可能产生额外的费用，在这些情况下，福利仅限于家庭护理的费用。因此，家庭必须自付或申请需要经济情况调查的社会援助，用以支付符合资格的开支。事实上，德国法律要求"直系血缘"的家庭成员承担护理费用。许多没有搬到养老院的老年人，通过家人、朋友和邻居的无偿帮助来补充长期护理保险福利，或者雇用更便宜的"灰色市场"劳动力 [1]。约 4% 的德国人选择购买额外的私人长期护理保险，以此补充他们的强制性公共保险或私人保险 [2]。

二、基础设施服务

与互助原则相一致的是长期护理保险寻求鼓励私营部门供应商之间的竞争，主要是基于质量和信誉，较小程度上是基于价格，因其价格受到政府严格管制。提供服务的机构包括营利机构和非营利机构，公共部门的机构很少。例如，只有 1% 的家庭护理提供者是非营利性的，64% 的家庭护理提供者是营利性的。此外，该系统在限制最少的环境中优先考虑护理。因此，2016 年约 273 万长期护理保险受益人中，有 69% 的人选择在家中接受护理 [3]。然而，制度化受益人的较高成本意味着，在住宅和以家庭为基础的长期照护服务上的支出大致相等。

---

[1]　TEOBALD H. Home-based care provision within the German welfare mix [J] . Health&social care in the community, 2012, 20（3）: 274-282.

[2]　NADASH P, CUELLAR A E.The emerging market for supplemental long term care insurance in Germany in the context of the 2013 Pflege-Bahr reform [J] . Health policy, 2017, 121（6）: 588-593.

[3]　资料来源于 Population in Germany : Age structure.Statistisches Statistisches Bundesamt, 2015b. Retrieved February 23, 2016, from https://www.destatis.de/EN/Publications/Specialized/Population/ Germa-nyPopulation2060_5124206159004.pdf;jsessionid = F13A68EE4369DE94B01588409355238D. cae2?__blob = publication。

长期护理保险程序成功地扩大了在家庭和社区环境中的正式服务基础设施。护理机构从 1995 年的约 4000 家增加到 2013 年的约 12800 家，家庭照料机构从约 4300 家增加到约 13030 家。此外，2008 年的长期护理保险改革引入了"维护中心"（Pflegestützpunkte）。与美国的老龄化和残疾资源中心相比，德国资源维护中心是由长期护理保险基金与当地社区合作组织的，并向长期照护服务受助者及其家庭提供信息和推荐。

法律要求长期护理保险疾病基金确保受益人得到他们需要的护理，并确保这种护理符合质量标准。合同的目的是代表疾病基金被保险人的利益，基金组织会共同谈判服务和报酬合同以及业绩和质量协议。因此，那些需要长期照护服务的人可以在供应商中进行选择。

虽然保险公司会授权补偿服务提供商，那些选择接受他们护理福利的家庭可以直接支付现金。现金收益是为了表彰和奖励亲戚、朋友或邻居的照护，而不是作为一种发展正式服务、提供基础设施的手段。事实上，2010 年的一项关于现金福利使用情况的调查显示，德国失能人群非常喜欢来自家庭成员的照护，而讨厌来自"陌生人"的照护。2010 年约有 78% 的家庭护理用户选择现金而不是正式的机构护理，比例已从 1995 年的 88% 下降不少；其支付现金的福利支出从家庭护理支出的 82% 下降到 62%，降幅增大是因为更多的受益人选择了现金和实物福利的组合。现金福利也可用于支付社区志愿者的津贴。此外，估计有 12 万非法移民护工通过现金福利或自掏腰包得到补偿①。

德国对直接服务的监督与保险公司相比，缺乏了与现金福利有关的要求和问责机制。2010 年经过调查发现，有 31% 的人享受现金福利，他们将现金

---

① NADASH P, CUELLAR A E. The emerging market for supplemental long-termcare insurance in Germany in the context of the 2013 Pflege-Bahr reform [J]. Health Policy, 2017, 121（6）: 588-593.

福利用于基本的生活支出 ①，这被普遍认为是对福利的合法使用。此外，因为现金福利不计入收入，所以是免税的。为了确保现金受益人得到必要的照护，没有受到虐待、忽视或经济剥削，每 6 个月应对其给予正规服务，其中受损最严重的患者每 3 个月给予正规服务，或认可的咨询中心对他们进行一次上门质量监测。

三、质量保障

由疾病基金赞助的"医疗咨询服务"监测所有的长期护理服务提供者，每年检查且不做提前通知，以检查机构护理设施是否有执照，是否履行了规定要求的性能和质量改善标准。监测标准是由来自服务提供商和保险基金的代表组成的长期护理保险基金协会制定，这些标准具有广泛的可信性。疗养院有单独的标准约束，但也由长期护理保险基金协会与提供者集团协商制定，并从法律上规定了机构的质量标准、质量保证要求和质量管理体系。此外，还可以仿效美国"养老院比较"网站提供关于养老院质量的公开信息，提高长期照护服务透明度，加强包括护理、咨询和病例管理在内的社区服务与长期护理资助的正式护理之间的联系。

四、私人护理保险的补贴

利用私营长期护理保险市场，解决长期护理保险项目下的全部护理成本与福利之间的差距。为此，德国通过 2013 年推出的"Pflege-Bahr"计划，补

---

① 资料来源于 Bundesministerium für Gesundheit.（2011）. Zahlen und Fakten zur Pflegeversicherung. Munich, Germany：Author. Retrieved from http://www.bmg.bund.de/fileadmin/dateien/Downloads/Statistiken/Pflegeversicherung/2011_03_Zahlen_und_Fakten_Pflegeversicherung. pdf。

贴购买私人长期护理保险补充保单。这一补充市场与强制性的私营长期护理保险分开，后者覆盖 11% 拥有私人医疗保险的人口。这些强制性政策的资格和福利与公共计划相匹配，造成了相同的覆盖缺口。私人保险也不能全部覆盖比较昂贵的照护服务。无论如何，任何人都可以购买私人补充保险，无论他们是从私人或公共系统获得强制保险。

德国私人长期护理保险市场一直存在，但覆盖面有限，符合条件的人口仅占 3% 左右，2012 年强制性计划覆盖的 7700 万德国人中有 230 万人购买了私人护理保险。为了促进私人市场的发展，联邦政府通过 Pflege-Bahr 计划为购买某些补充保单的人提供补贴（上限为每月 5 欧元）。申请人必须年满 18 周岁，并且没有领取法定福利。这些以现金支付的福利必须达到某些最低标准：对于第一级的残疾，它们必须至少达到法定数额的 20%；第二级至少 30%；第三级，福利必须至少 600 欧元；当法定项目过渡到五级伤残级别时，这些规则将会被改变。合同签订时，福利不能超过法定福利的 100%，但通货膨胀意味着福利可能会相对于法定计划增长。资格认定由法定残疾标准和支付决定，索赔人通常必须持有他们的保险单 5 年。

2015 年，该计划将私人补充保险扩大到超过 4% 的人口，自 2013 年推出以来，共售出 683500 份补贴保单。这些政策刚推出时非常受欢迎，第一年售出了 36 万份补贴保单，但销售增长随后放缓。在改革的前几年里，补充产品的销售相当可观，自 1996 年以来平均每年可达到 12% 的增长率（Verbandder Privaten Krankenversicherung，2015）。尽管补贴政策很受欢迎，但人们对其长期利益可持续性仍存在担忧。由于补贴产品不允许承保，换句话说它们必须接受所有人且不能根据医疗风险调整保费，但提供风险调整保费的无补贴补充产品对更年轻和更健康的投保人来说才是更好的交易。因此，补贴产品为保险公司提供了一个营销机会，保险公司可以将更好的风险转向提供更优惠条件的非补贴产品。考虑到补贴产品与非补贴产品之间的风险选择模式，本以为补贴产品在较长一段时间内可能面临逆向选择，然而，这种逆向选择并没有成为现实。

第七章　我国失能老年人长期护理服务的影响因素分析

第一节　基于安德森模型的实证分析框架

一、理论基础

罗纳德·安德森于 1968 年创建了安德森卫生服务利用行为模型，该模型以个人层面为基本分析单位，创造性地诠释了家庭如何利用卫生服务，分析卫生服务利用的影响因素，界定与衡量了卫生服务的利用性和可及性。安德森模型表明，个人在决定是否进行卫生服务利用时，受三个维度的影响即倾向特征、能力资源和需要因素。如图 7-1 所示。

（1）倾向特征：包括人口学特征、社会结构和健康信念。此类特征表示卫生服务利用的倾向，是患病或寻求卫生服务利用前个人的社会文化倾向特征，以及疾病发生前倾向于利用医疗卫生服务的人群特征，不与卫生服务利用直接相关。其中，人口学特征主要指年龄、性别等个人的基本情况；社会结构指个人的受教育程度、社会关系、职业、民族等；健康信念指人们的价值观念、态度及对卫生服务系统的认知。

（2）能力资源：包括家庭资源和社区资源。此类特征指个人获得卫生服务的能力，以及卫生资源在社区和家庭中的可得性，是医疗卫生服务利用的间接影响因素。其中家庭资源指的是收入、医疗保险、养老保险等，社区资源指就诊与候诊时间、卫生服务价格、社区卫生资源可及性。

（3）需要因素：包括认知需要和评估需要，指家庭成员感受到的医疗服务需要，是个人决定是否利用卫生服务最直接的原因。其中认知需要指对自身疾病状态和健康状况的主观判断，评估需要指临床上医生对患者健康状况的客观测量与专业评估。

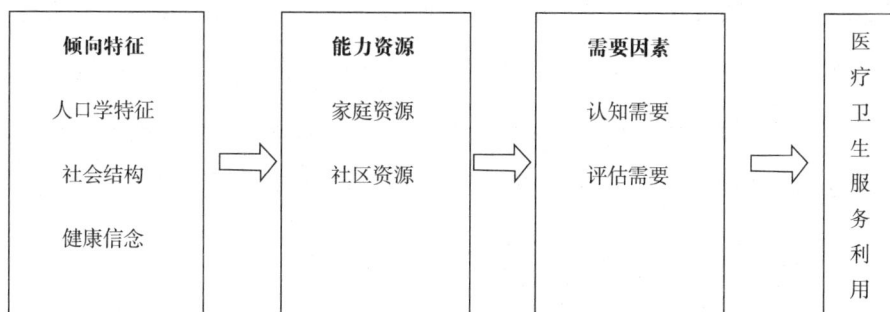

图 7-1　安德森模型（1968 年）

为了弥补安德森模型（1968 年）的不足，增强安德森模型对复杂性和细微差别的解释力，多方学者通过不断增加测量指标、转变分析路径、扩充路径关系及调整结构，历经 5 次调整和完善，使最新版安德森模型于 2013 年完成。安德森模型（2013 年）获得了学术界的广泛认可，并且成为医疗卫生服务领域解释和预测医疗卫生行为的首选模型。安德森模型（2013 年）除了测量指标的增加、模型结构的调整和模型路径关系的不断扩充之外，相比于安德森模型（1968 年）最大的不同就是 2013 年模型分析路径的不断转变，主要体现在三个方面：第一，基本分析单位由个人层面的"家庭"转变为社会层面的"个人"；第二，分析视角从简单的个人层面转变为社会层面，强调外界环境层面因素的重要性，并将外界环境层面的影响因素单独作为一个维度即情景特征与个人特征维度并列成为影响健康行为的前置因素，此外情景特征和个人特征均包括倾向特征、能力资源和需要因素三个变量，只是具体的测量指标有所区别；第三，分析的时间节点延长，不再局限于个体医疗卫生服务利用行为的发生，增加了对个体医疗卫生服务利用效果的评价。如图7-2所示。

安德森模型能广泛应用于医疗卫生领域，并取得很好的分析效果是因为其凭借完整的指标体系及理论分析框架所形成的独特优势，兼顾了实证研究的可行性和理论研究的完整性，能对实证分析起到很好的引导性作用。此外由于个人在进行养老方式的选择时，某种程度上就是出于对护理、照料等医疗服务的需要而做出的选择，所以养老领域与医疗卫生领域存在着共通性，据此，本书还将安德森模型跨学科应用至养老领域。

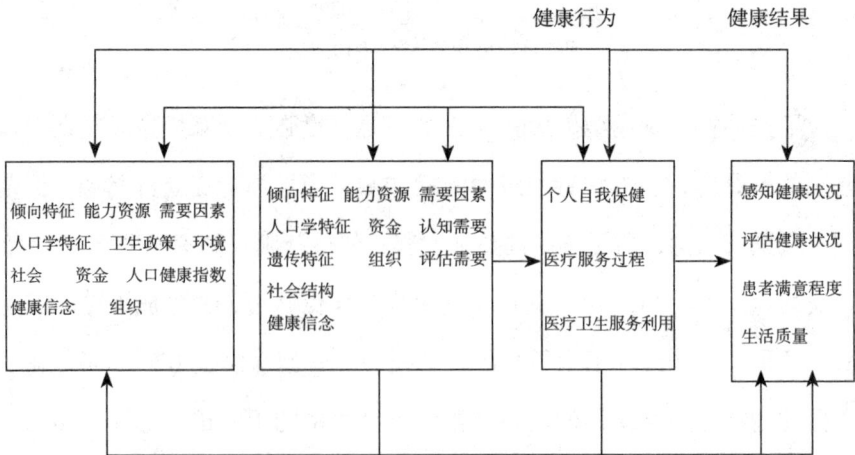

图7-2　安德森模型（2013年）

二、分析框架

本研究以长期照护服务需求的调查资料为基础，以我国长期护理保险试点城市的居家照护服务的调查问卷对象为分析主体，使用逻辑回归模型分析影响服务使用者的四大类居家照护服务需求程度的因素。

问卷内容，除了包含性别、主要照护者、居住状况、婚姻状况、最近一份工作的产业与职业、社会福利身份、16 类的身心障碍（而非《国际功能分类》ICF 的分类方式）、经济来源、族群、教育程度、宗教信仰等基本资料外，还通过家庭与使能因素衡量其人际网络的运作情形。其中，家庭与使能因素部分包含家庭形式、日间独处与否、与子女亲友见面频率、与朋友邻居见面频率、参与社区活动频率等变量。2001 年，世界卫生组织（WHO）在 ICF 中将"失能"定义为"对损伤、活动受限和社会参与受限的一个总括性术语，它表示个体在某种健康条件下和个体所处的情景性因素、环境及个人因素之间发生交互作用的消极方面"。虽然我国尚未形成统一的失能评估体系，但自我国长期护理保险制度试点开始以来，基于日常生活活动（Activities of Daily Living，简称 ADL）的巴塞尔指数（Barthel Index）是各地实践中最常见的评估生理机能的方法。巴塞尔指数是国际第一代失能状态评估工具，它围绕吃饭、沐浴、穿衣、整理仪容、控制大便、控制小便、如厕、上下床铺、平地走动、上下楼梯等 10 项日常生活活动为评估内容，并形成"日常活动能力评估表"来衡量老年人的基本生活自理能力。评估表首先给出每个老年人相应的巴塞尔指数，最低 0 分，最高 100 分，并将其划分为完全自理、轻度依赖、中度依赖和重度依赖四个等级。相应分级标准为完全自理的分值 100 分，无须他人照料；轻度依赖的分值 61 ~ 99 分，生活少部分需要他人照料；中度依赖的分值 41 ~ 60 分，生活大部分需要他人照料；重度依赖的分值低于 40

分，生活全部需要他人照护。本次调查结合研究需要及评估工具的便利性、通俗性，采取了巴塞尔指数和 Lawton-Brody 量表两种评估工具，以评估调查对象的基本生活自理能力及工具性日常活动能力。

本研究的自变量为倾向因素、使能因素和需求因素，因变量为协助饮食及用药、协助身体活动及移位、协助日常生活及起居，以及维持与发展社会功能等四大类居家照护服务的服务需求程度。如图 7-3 所示。

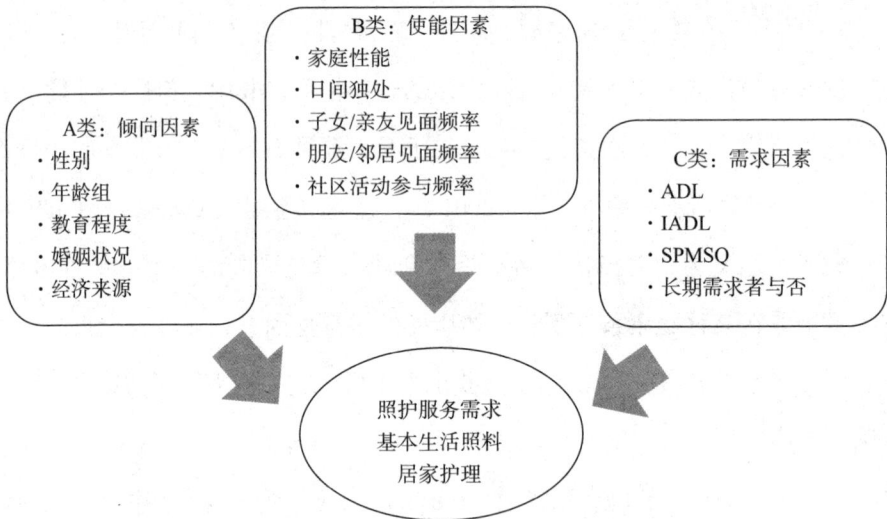

图 7-3　居家照护服务使用的影响因素分析

三、实证模型

本文采用 logistic 回归模型，因变量"居家护理服务使用"是二分变量，只取值 0 或 1。p 表示事件发生的概率，这里也就是老人选择正式社会化照料的概率。$p/(1-p)$ 称为发生比（odds），大于 1 时表示发生比不发生的概率更大，也就是事件更有可能发生。做 logit 变换，即 $f(p) = \ln[p/(1-p)]$，

表示对事件发生与不发生概率比值取自然对数。然后构造模型

$$f(p) = \alpha + \beta X + \varepsilon \qquad (7\text{-}1)$$

X 是模型纳入的自变量，ε 表示因变量中无法被自变量解释的误差项。截面数据可能存在异方差，会对变量的显著性产生影响，所以模型中使用稳健标准误差。

为了分析倾向因素、使能因素和需求因素对长期照料模式选择的影响方向和程度，本书具体构建的模型如下

$$f^1(p) = \alpha^1 + \beta^1_1 X_{\text{倾向因素}} + {}^1_1 X_{\text{使能因素}} + \beta^1_1 X_{\text{需求因素}} + \varepsilon_1 \qquad (\text{模型7-1})$$

第二节　我国居家照护服务使用的实证分析

一、数据分析

在自变量中，倾向因素变量包含性别、年龄、教育程度、婚姻状态等，使能因素变量则包括家庭形态、日间独处、亲子见面、朋友邻居见面、社区参与和收入来源，需要因素部分根据以问卷收集时服务使用者的失能状态评估而定。以四大类居家服务需求为内涵的因变量，其分类原则与各项服务的使用次数等，如表 7-1 所示。

表 7-1　各变量描述性的统计分析

变量因素	变量	变量分类	统计值 / %
倾向因素	性别	男性	47.9
		女性	52.1
	年龄	64 岁及以下	18.8
		65~74 岁	37.3
		75 岁及以上	43.9
	婚姻状态	已婚有偶	44.8
		丧偶	36.6
		其他	18.6
	教育程度	文盲	26.7
		小学文化	47.9
		中学及以上文化	25.4

续表

变量因素	变量	变量分类	统计值 / %
使能因素	家庭形态	核心家庭	23.3
		三代同堂	29.5
		伴侣同住	27.7
		独居	19.5
	日间独处	是	45.1
		否	54.9
	亲子见面	每天一次	38.7
		每周一次	40.2
		每月一次	21.1
	朋友邻居见面	每天一次	35.9
		每周一次	39.0
		每月一次	25.1
	社区参与	定期参加	19.5
		很少	50.5
		不曾参加	30
	收入来源	子女供给	20.1
		退休金	45.7
		其他	34.2
需要因素	ADL	生活功能健康	13.2
		轻度失能	41.3
		中度失能	21.4
		重度失能	24.1
	IADL	无 IADL 失能	7.3
		IADL 失能	92.7
	SPMSQ	心智健康	65.8
		轻度失智	9.1
		中度失智	10.0
		重度失智	15.1
服务需求程度	协助饮食与用药	是	25.1
		否	74.9
	协助身体活动与移位	是	23.3
		否	76.7
	协助日常生活及起居	是	32.5
		否	67.5
	协助维持与发展社会功能	是	14.6
		否	85.4

首先，"协助饮食与用药"的使用与其他三种居家照护服务需求存在明显不同的状态。"协助饮食与用药"的使用与"倾向因素"和"需要因素"两类的各个变量均没有明显的相关性，卡方检验不显著，但和"使能因素"的变量具有较强的相关性。其中，家庭形态、亲子见面频率、朋友邻居见面频率、社区参与的频率等变量均与"协助饮食与用药"需求与否具有显著相关性。

其次，"协助身体活动与移位""协助日常生活及起居""协助维持与发展社会功能"等三种居家服务使用与三类自变量的相关性大致相似。这三种居家服务需求与"经济来源"皆有明显的关联，"协助维持与发展社会功能服务"及"年龄组"存在显著关系。在社会与家庭支持的六个变量中，"日间独处""社区参与"两个变量和"协助身体活动与移位""协助维持与发展社会功能"存在显著相关性。"协助身体活动与移位"的居家照护服务需求和日常生活功能具有显著关联，而工具性日常生活功能与三类居家服务则没有显著的相关性。

最后，倾向因素、使能因素、需求因素三大类自变量对于四类居家照护服务使用的影响有差异，每类照护服务都有各自的关键变量。

二、回归结果分析

在通过交叉表与卡方检定检验，并筛选具有关联性的变量（详见表7-2），再将其纳入逻辑回归分析。由表7-2可以看出以四种居家服务为因变量的逻辑回归模型，皆具有良好的拟合度。至于逻辑回归模式的解释力，可以通过 Cox & Snell R^2 与 Nagelkerke R^2 两项指标检验，其效果与一般回归分析中的 R^2 与 adjusted-R^2 相似。最高的解释力在30%～47.8%，为协助身体活动与移位类的居家照护服务需求模型；其最低的解释力在 6.5% ～ 14.5%，为协助饮食与用药的居家照护服务需求。其余两类居家照护服务需求的模型解释力则处于中间位置，因此，可分别对四类照护服务需求进行逻辑回归分析。

表 7-2　逻辑回归模型及稳健性检验

自变量	因变量	Pearson χ^2	H-Lsig	Cox&Snell R^2	Nagelkerke R^2
经济来源、日间独处、社区参与、SPMSQ-Level、ADL-Level	协助身体活动与移位	0.000	0.821	0.432	0.478
经济来源、社区参与、SPMSQ-Level、ADL-Level	协助日常生活及起居	0.000	0.187	0.121	0.189
年龄组、经济来源、日间独处、社区参与、SPMSQ-Level	协助维持与发展社会功能	0.000	0.673	0.189	0.374

（一）"协助身体活动与移位"使用模型

"协助身体活动与移位"需求的逻辑回归模型如表 7-3 所示。

表 7-3　协助身体活动及移位服务的回归系数

变量	B	Wald	Df	显著性	EXP（B）
子女供给	2.890	15.678	1	0.000	7.892
日间独处	0.782	8.902	1	0.022	-1.098
定期社区参与	-0.892	7.834	1	0.023	4.478
较少社区参与	0.781	5.984	1	0.045	3.456
心智健康 [b]	-3.091	7.269	1	0.001	2.453
轻度失智 [b]	0.356	0.156	1	0.567	0.341
中度失智 [b]	1.321	4.784	1	0.034	1.255
ADL 健康 [c]	-4.590	40.902	1	0.000	3.288
轻度失能 [c]	-2.480	38.534	1	0.000	0.031
中度失能 [c]	-0.928	4.705	1	0.021	0.084
常数	0.172	0.039	1	0.567	0.395

注：b 对照组为"重度失智"，c 对照组为"重度失能"。

经济来源分为两个变量，对照组为"其他"；"社区参与"分为两个变量，对照组为"不曾参加"，SPMSQ 认知功能的三个变量为心智健康、轻度失智、中度失智，其相应的对照组为"重度失智"；ADL 日常生活功能自变量的前三个变量为生活功能健康、轻度失能、中度失能，其相应的对照组分别为"重度失能"。具有显著性水平的变量为经济来源、日间独处、参与社区活动、SPMSQ 认知功能、ADL 程度，表明这些因素是"协助身体活动与移位"的居家照护服务使用的重要影响因素，但是各个自变量的影响方式与程度仍有不同。

"经济来源"中仅有"来源为子女与否"的变量达到显著水平，从较高的发生比率可得出，相较于主要经济来源并非子女的使用者，主要经济来源为子女的使用者，更可能会有"协助身体活动与移位"类的居家照护服务使用，其发生比率为 7.892。由此可知，子女虽为主要经济来源，能够为父母提供长期照护服务或相关的照护费用，但行动不便的父母在日间仍处于独处状态，需要居家照护服务员多提供协助身体活动与移位的服务。

此外，"社区参与"变量所衍生出的两个变项中"定期参与"或"较少参与"社区活动者，对于"协助身体活动与移位"的居家照护服务使用较高，发生比率为 4.478 和 3.456，表明"社区参与"变量以及"协助身体活动与移位"居家照护服务使用具有显著正相关，居家照护服务使用者参与各类社区性的活动的过程中会增加其关于"协助身体活动与移位"类别的服务项目的使用。"定期参与"社区活动的服务使用者的发生比率为 4.478，在"协助身体活动与移位"类别的服务需求概率中高于"偶尔参与"与"不曾参与"的服务使用者。可见，参与社区活动频率与对"协助身体活动与移位"的影响程度比较明显，或者服务使用者也期待参与社区活动。

　　日间独处者、认知功能或日常生活活动功能为健康状态者，其对"协助身体活动与移位"类的居家照护服务使用需求，由这些变量衍生的几个变量的参数为负且发生比率低于 1 的状况就可得知。相较于认知功能存在失能风险者，认知功能健康者会有"协助身体活动与移位"居家照护服务使用的可能性为 2.453。在日常生活功能失能风险方面，健康者会有"协助身体活动与移位"居家照护服务使用的可能性为 3.288。日间独处者或因其生活自理功能仍完整，所以"协助身体活动及移位"类的服务需求低。认知功能为中度失能者具有较高的"协助身体活动及移位"居家照护服务使用其发生比率为 1.255。因此，中度失智或以上的服务使用者已经逐渐失去自理能力，因而对于协助身体活动与移位类的服务使用上升。

　　（二）"协助日常生活起居"使用模型

　　"协助日常生活起居"的逻辑回归模型详见表 7-4。整体而言，相似于"协助身体活动及移位"居家照护服务使用，但回归内部的显著变量则相对单纯。

表 7-4　协助日常生活起居服务的回归系数

变量	B	S.E.	Wald	Df	显著性	EXP（B）
子女供给	1.903	0.562	12.349	1	0.000	5.341
日间独处	0.809	0.678	6.0497	1	0.010	0.231
定期社区参与	-0.789	0.342	5.341	1	0.021	0.563
较少社区参与	0.345	0.341	4.494	1	0.034	3.781
心智健康 [b]	-1.890	0.381	7.372	1	0.000	1.981
轻度失智 [b]	0.563	0.341	0.236	1	0.678	0.451
中度失智 [b]	1.034	0.451	5.782	1	0.123	1.255
ADL 健康 [c]	-3.891	0.901	10.892	1	0.000	3.288
常数	0.453	0.104	0.030	1	0.564	0.395

注：b 对照组为"重度失智"，c 对照组为"重度失能"。

　　"经济来源"和认知功能两个变量的影响较为显著。"社区参与"并无法显著地预测使用者是否会有"协助日常生活起居"居家照护服务使用。从

"发生比率"可以发现，相较于主要经济来源并非子女（例如福利、其他）的使用者，主要经济来源为子女的使用者更可能有"协助日常生活起居"居家照护服务使用，发生比率是 5.431。子女所提供的经济来源，或用于支付居家服务员提供"协助日常生活起居"类服务的费用，或因为子女外出工作无法负担家务，或因子女未与其同住而无法协助照护服务使用者的日常生活及起居，故通过支付费用方式替代子女的家庭责任。最后，日间独处者会有较低的"日常起居"服务需求，其发生比率是 0.231。

（三）"协助维持与发展社会功能"模型

"协助维持与发展社会功能"使用的逻辑回归模型，则有不同于前述逻辑回归模型的态样。如表 7-5 所示。

表 7-5 "协助维持与发展社会功能"服务使用的回归系数

变量	B	S.E.	Wald	Df	显著性	EXP（B）
75 岁及以上	-2.101	0.891	12.543	1	0.001	0.341
65~74 岁	-0.908	0.896	16.782	1	0.000	1.721
子女供给	1.901	0.781	12.341	1	0.000	6.874
日间独处	-0.902	0.562	6.901	1	0.031	0.901
定期社区参与	0.453	0.433	5.761	1	0.089	3.543
较少社区参与	0.451	0.289	4.494	1	0.045	3.143
心智健康[b]	-1.341	0.891	7.269	1	0.007	1.989
轻度失智[b]	0.290	0.389	0.134	1	0.783	0.289
中度失智[b]	2.013	0.781	4.532	1	0.010	1.281
ADL 健康[c]	-4.701	0.341	50.890	1	0.000	3.248
轻度失能[c]	-4.901	0.532	45.901	1	0.000	0.022
中度失能[c]	-0.901	0.901	4.563	1	0.043	0.081
常数	0.172	0.348	0.051	1	0.901	0.657

注：b 对照组为"重度失智"，c 对照组为"重度失能"。

　　年龄组、经济来源、日间独居、社区参与与认知功能等，皆有一两个变量呈现显著变化，由此确认这五个自变量对于"协助维持与发展社会功能"居家照护服务使用影响显著。在显著的变量中，仅有两个参数为正数，分别为"经济来源为子女供给"与"固定参与社区活动"。从"发生比率"来看可发现：相较于主要经济来源并非子女的使用者，主要经济来源为子女的使用者，更可能有"协助维持与发展社会功能"居家照护服务使用，其发生比率为6.874。

　　相较于非固定参与社区活动的使用者，固定参与社区活动的居家照护服务使用者，更可能有"协助维持与发展社会功能"服务需求，其发生比率是3.543。其他四项显著的变量，其参数皆为负数，表示"年龄组"越大、日间独处者与认知功能健康者，在"协助维持与发展社会功能"方面的居家照护服务使用较低。从发生比率来看，相较64岁及以下的使用者，65～75岁服务使用者对"社会功能"居家照护服务使用为1.721，而75岁及以上服务使用者为0.341。"协助维持与发展社会功能"居家照护服务使用较集中在年龄偏高的组别，特别是65～74岁的问卷调研对象。日间独处的使用者会有"协助维持与发展社会功能"居家照护服务使用的可能性，是非日间独处使用者的0.901。

三、实证结论与启示

　　第一，本研究发现子女为主要经济来源与"协助身体活动与移位""协助日常生活起居"及"协助维持与发展社会功能"三类居家照护服务使用具有显著相关。以子女供养为主要经济来源者，因为同住家人相对不具照护服务的专业，且家人平日的经济行为使其无法付出较多的照护时间，导致问卷对象有更多的照护服务需求未被满足。因此，或无法继续以我国社会传统所认知的家庭功能，认定与家人同住的长辈能充分被满足照护服务需求。

在就业条件恶化且生活压力日增的背景下，子女的照护服务需求或逐渐无法实现。照护服务使用者大部分仍期待在自宅接受照护服务，而非使用居住式的照护与照护服务。因此，如果以居家照护服务或社区照护服务为形式，取代家庭成员的照护服务责任，将有助于家户内代际间关系的维持，并充分满足服务使用者对于专业照护服务的需求。

第二，与子女或家人同住除已无法期待能提供足够的照护服务功能外，还发现独居长辈对于居家照护服务的需求呈现负相关。其可能的因素在于，当前的独居长辈多为移位与自理功能尚称良好的亚健康人群，故其子女或家人能够赴外地谋生，或于周间白天外出工作，留长辈一人在家。然而，这并非意味着独居长辈以及假性独居长辈不具有照护服务需求。由于独居长辈的身体与心理功能已逐渐下降，生活中可能面临自理功能退化、经济来源短缺、家庭支持不足，或协助维持与发展社会功能退缩等议题，仍有提高其照护程度的必要。现有的评估机制易将诸如失智长辈、独居或假性独居长辈等具有良好自理功能者排除于长期照护服务的包括范围之外，但实际上其生活风险依然显著较高，也需社区内照护服务人员协助确认其状态。因此，希望能鼓励并协助此类人群参与社区关怀据点、日照中心等服务以维持其现有的功能与健康。

第三，从前述的主要发现可知，居家照护服务使用者的身体功能与心理状态或为影响照护服务需求的主要因素。其中，日常生活功能的失能程度达到中度以上的问卷对象，对于"身体活动与移位"的居家照护服务使用程度较高，轻度者则为负相关。问卷显示该类别的服务对于活动不便者具有高度的吸引力；认知功能障碍为中度以上者，对于"身体活动及移位"以及"维持与发展社会功能"两项居家照护服务使用具有显著正相关。因此，无论为身体功能或心理功能造成服务使用者的自理能力下降或心理情绪低落，皆应为其提供足够的居家照护服务。延续前述失智状态所导致的自理功能预期下降，长期照护服务体系应尽可能优先介入，以防止其落入风险的可能性提高。

第四，频繁参与社区活动的问卷对象相较于较少参与社区活动的问卷对象，频繁参与者的"身体活动与移位"使用率较高且其对"协助维持与发展社会功能"的需求，相较于鲜少参与社区活动者亦较高。在长期照护服务的使用者中，仍有对于社区活动的参与具有高度意愿者，因此，其长期照护服务的需求在"身体活动与移位"及"维持与发展社会功能"方面相对显著，应重视其真实的需求。然而，就长期照护服务输送方式观主要目的在于协助长辈能够在本地养老，并且联结足够的医疗与服务资源给予服务使用者。然而，其时数与费用的补助，大多着重于社区对外的交通接送服务；服务使用者在社区内的移动，则非其关注的重点。但以所在地老龄化为核心的长期照护政策，服务使用者在社区内的移动顺畅与否及其相关协助与设施等，应为政策的考虑重点。除了服务使用者本身的"身体活动与移位"与"协助维持与发展社会功能"的陪伴需求应被考虑外，其社区整体无障碍空间的设计与设施等也应该作为整体考虑内容。

参考文献

［1］ALLAIRE B T, BROWN D S, WIENER J M. Who wants long-term care insurance? A stated preference survey of attitudes, beliefs, and characteristics ［J］. Inquiry a journal of medical care organization provision&financing, 2016（53）: 1-8.

［2］ANDERSEN T M, JENSEN S E H, PEDERSENY L H. The welfare state and strategies towards fiscal sustainability in Denmark ［M］. Neck R, Sturm J-E. Sustainability of publicdebt. cambridge: mit press, 2008.

［3］AMTZ M, SACCHETTO R, SPERMANN A, et al. The German social long-term care insurance-structure and reform options ［J］. IZA discussion papers, 2007, 20（21）: 4656-4658.

［4］THEISEN C A, JENSEN G A, et al. Why don't people buy long-term-care insurance? ［J］. Journals of gerontology series b:psychological sciences&social sciences, 2006, 61（4）: 185-193.

［5］AKAICHI F, COSTA-FONT J, FRANK R. Uninsured by choice? A choice experiment on long term care insurance ［J］. Journal of economic behavior&organization, 2020, 173（5）: 422-434.

［6］HE A J, CHOU K L. What affects the demand for long-term care insurance? A study of middle-aged and older adults in Hong Kong［J］. Journal of Applied gerontology : the official journal of the southern gerontological society, 2020, 39（4）: 413-422.

［7］BOYER M M, GLENZER F. Pensions, annuities, and long-term care insurance: on the impact of risk screening［J］. The Geneva risk and insurance review, 2021, 46（2）: 133-174.

［8］BROWN J R, FINKELSTEIN A. Te Private Market for long-term care insurance in the United States : a review of the evidence［J］. Journal of risk&insurance, 2010, 76（1）: 5-29.

［9］BROWN J R, GODA G S, MCGARRY K. Long-term care insurance demand limited by beliefs about needs, concerns about insurers, and care available from family［J］. Health affairs, 2012, 31（6）: 1294-1302.

［10］BROWN J R, FINKELSTEIN A. Supply or demand : why is the market for long term care insurance so small?［J］. NBER working papers, 2004, 91（10）: 1967-1991.

［11］BROWN J R, FINKELSTEIN A. Insuring long-term care in the United States ［J］. Journal of economic perspectives, 2011, 25（4）: 119-142.

［12］BRAU R, BRUNI M L. Eliciting the demand for long term care coverage : a discrete choice modelling analysis［J］. Health economics, 2010, 17（3）: 411-433.

［13］BARR N A. The economics of the welfare state［M］. London : weidenfeld and nicolson, 1987.

［14］BARR N, DIAMOND P. The economics of pensions ［J］. Oxford review of economicpolicy, 2006, 22（1）: 1-14.

［15］BARR N, DIAMOND P. Pension reform : a short guide ［M］. New York: Oxford University Press, USA, 2016.

［16］BILLIG A, MÉNARD J C. Actuarial balance sheets as a tool to assess the sustainability of social security pension systems ［J］. International social security review, 2013 : 66（2）: 31-52.

［17］BARR N, DIAMOND P. Reforming pensions : principles, analytical errors and policy directions［J］. International social security review, 2009, 62（2）: 5-29.

［18］KANE R L, KANE R A. What older people want from long-term care, and how they can get it ［J］. Heath affairs, 2001, 20（6）: 114-127.

［19］MAISONNEUVE C D L, MARTINS J O. The future of health and long-term care spending ［J］. OECD journal : economic studies, 2015（1）: 61-96.

［20］MOMMAERTS C. Long-term care insurance and the family ［J］. Job market paper, 2015, 11（1）: 1-70.

［21］CHEN L, XU X. Effect evaluation of the long-term care insurance system on the health care of the elderly : a review ［J］. Journal of multidisciplinary healthcare, 2020, 13（8）: 863-875.

［22］CHIRAAG M, VLADAS G, HAWS K L. From cradle to grave : how childhood and current environments impact consumers' subjective life expectancy and decision making ［J］. Journal of consumer research, 2020, 47（3）: 350-372.

[23] COE N B, SKIRA M M, HOUTVEN C H V. Long-term care insurance : does experience matter? [J] . Journal of health economics, 2015, 40（3）: 122-131.

[24] COSTA-FONT J, ROVIRA-FOR J. Who is willing to pay for long-term care insurance in Catalonia? [J] . Health policy, 2008, 86（1）: 72-84.

[25] COLOMBO F, LLENA-NAZAL A, MERCIER J, et al. Help wanted?: providing and paying for long-term care [M] . Paris : OECD, 2011.

[26] COMAS-HERRERA A, WITTENBERG R, COSTA-FONT J, et al. Future long-term care expenditure in Germany, Spain, Italy and the United Kingdom [J] . Ageing&society, 2006, 26（2）: 285-302.

[27] COSTA-FONT J, PATXOT C. The intergenerational impact of long-term care financing alternatives in Spain [J] . Social science electronic publishing, 2004, 29（4）: 599-620.

[28]CAMPBELL J C, IKEGAMI N. Japan's radical reform of long-term care[J]. Social science electronic publishing, 2003, 37（1）: 21-34.

[29] LAKDAWALLA D, PHILIPSON T. The rise in old-age longevity and the market for long-term care [J] . American economic review, 2002, 92（1）: 295-306.

[30] DEMANGE G. On Sustainable pay-as-you-go contribution rules [J] . Journal of public economic theory, 2009, 11 : 493-527.

[31] FENG J, WANG Z, YU Y. Does long-term care insurance reduce hospital utilization and medical expenditures? Evidence from China [J] . Social science&medicine, 2020, 258 : 113081.

[32] COLOMBO F, MERCIER J. Help wanted? Fair and sustainable financing of long-term care services [J] . Applied economic perspectives and policy, 2012, 34（2）: 316-332.

[33] FELDSTEIN M. Prefunding medicare [J] . American economic review, 1999, 89（2）: 222-227.

[34] FUKAWA T. Health and long-term care expenditures of the elderly in Japan using a micro-simulation modle [J] . The Japanese journal of social security policy, 2007, 6（2）: 199-206.

[35] FUKUI T, IWAMOTO Y. Policy options for financing the future health and long-term care costs in Japan [M] // TAKATOSHI ITO, ROSE A. Fiscal policy and management in East Asia. Chicago : University of Chicago Press, 2007 : 415-442.

[36] GRABOWSKI D C. The market for long-term care services [J] . Inquiry, 2008, 45（1）: 58-74.

[37] HOTTA S. Toward maintaining and improving the quality of long-term care: the current state and issues regarding home helpers in Japan under the long-term care insurance system [J] . Social science Japan journal, 2007, 10（2）: 265-279.

[38] HAYASHI M. Chapter 2 : social protection in Japan : current state and challenges. Social protection in East Asia : current state and challenges [J] . Economic research institute for ASEAN and East Asia : ERIA research project, 2009（9）: 19-54.

[39] GIBSON M, GREGORY S, PANDYA S. Long-term care in developed nations : a brief overview [M] . Washington, DC : AARP Public Policy

Institute, 2003.

［40］GLECKMAN H. Long-term care financing reform : lessons from the U. S. and abroad ［M］. New York, NY : The Commonwealth Fund, 2010.

［41］HOUTVEN C H V, COE N B, KONETZKA R T. Family structure and long-term care insurance purchase ［J］. Health economics, 2015, 24 (1): 58-73.

［42］HU H, SI Y, LI B. Decomposing inequality in long-term care need among older adults with chronic diseases in China : a life course perspective ［J］. International journal of environmental research and public health, 2020, 17 (7): 2559.

［43］HUNT M E. Settings conducive to the provision of long-term care ［J］. Journal of architectural and planning research, 2001, 18 (3): 223-233.

［44］HENINICKE K, THOMSEN S L. The social long-term care insurance in Germany : origin, situation, threats and perspective ［J］. ZEW discussion paper, 2010, 10 (12): 27-28.

［45］HOLDENRIEDER J. Equity and efficiency in funding long-term care from an EU perspective ［J］. Journal of public health, 2006, 14 (3): 139-147.

［46］IVERSEN L H, POLICH O. The availability of long-term care services for medicare benefificiaries in health maintenance organizations ［J］. Medical care, 1988, 26 (9): 918-925.

［47］IWAMOTO Y, FUKUI T. Prefunding Health and long-term care insutrance ［J］. Public policy review, 2009, 5 (2): 255-286.

［48］BROWN J R, FINKELSTEIN A. The interaction of public and private insurance : medicaid and the long-term care insurance market ［N］. NBER working paper, 2004-12-15 (10989) .

［49］JUREK U, WOLANSKA W. Determinants of demand for private long-term care insurance：empirical evidence from Poland［J］. Risks, 2021, 9（1）：1-15.

［50］KITAJIMA T. Willingness to pay for long-term care insurance system in a municipality in Tokyo［J］. Asia-pacifific journal of public health, 1999, 11（2）：101-108.

［51］KUTZIN J. Conceptual framework for analyzing health financing systems and the effects of reforms［M］//JOSEPH K, CASHIN C, JAKAB M, et al. Implementing health financing reform：lessons from countries in transition. Copenhagen：WHO regional office for Europe, 2010.

［52］KWON S. Future of long-term care financing for the elderly in Korea: lessons from Germany and Japan［J］. Journal of aging and social policy, 2008, 20（1）：119-136.

［53］LORENZONI L, MORGAN D, MURAKAMI Y, et al. Public expenditure projections for health and long-term care for China until 2030：OECD health working papers 84［R］. Paris：OECD Publishing, 2015.

［54］LASSILA J, VALKONEN T. Pre-funding expenditure on health and long-term care under demographic uncertainty［J］. Geneva papers on riskand insurance, 2004, 29（4）：620-639.

［55］LASSILA J, VALKONEN T. Population ageing and fiscal sustainability in finland：a stochastic analysis：bank of finland discussion papers 28［R］. Finland：bank of finland, 2008：8-9.

［56］MHLW. Act for Partial Revision of the long-term care insurance act, etc., in order to strengthen long-term care service infrastructure［R/OL］.（2016-

01-20）［2022-03-02］. http://www. mhlw. go. jp/english/policy/care welfare/ care-welfare-elderly/dl/en_tp0l. pdf.

［57］MYERS R J. Actuarial aspects of financing old-age and survivors insurance, 1953［J］. Social security bulletin, 1988, 51（11）: 18-26.

［58］MYERS R J. The financial principle of self-support in the old-age survivors insurance system 1955［EB/OL］.（2013-01-20）［2022-03-02］. http:// www. ssa. gov/oact/NOTES/pdf_studies/study040. pdf.

［59］OECD. Private long-term care insurance : a nich or a big tent?［EB/OL］.（2013-05-20）［2022-03-02］. http://www. oecd. org/document/23/0/3746/ en_2649_37407_47659 479_1_1_1_37407. 00. html.

［60］ZWEIFEL P, STRUWE W. Long-term care insurance in a two generation model［J］. The journal of risk and insurance, 1998, 65（1）: 13-32.

［61］PIACHAUD D, MACNICOL J, LEWIS J. A think piece on intergenerational equity［EB/OL］.（2009-09）［2022-03-02］. http://justageing. equalityhumanrights. com/wp-content/uploads/2009/09/ Intergenerational- Equality. pdf.

［62］REJDAG E. Social insurance and economic security［J］. Yale journal of biology&medicine, 1934, 7（2）: 187-188.

［63］COMAS-HERRERA A, WITTENBERG R, et al. European study of long- term care expenditure : report to the employment and social affairs DG, PSSR U discussion paper 1840［R］. London : London School of Economics, 2003 : 159-178.

［64］ROTHGANG H, IGL G. Long-term care in Germany［J］. The japanese journal of social security policy, 2007, 6（1）: 54-84.

［65］ROTHGANG H. Social insurance for long-term care : an evaluation of the German model ［J］. Social policy&administration, 2010, 44 (4): 436-460.

［66］SAUER M, PERISIC N. Local networks in the provision of long-term care services in serbia-a view from the South-East of Europe ［J］. Sozialer Fortschritt, 2014, 63 (8): 209-215.

［67］SHAPIRO M, BRIGGS J, TONETTI C, et al. Late-in-life risks and the under insurance puzzle ［C］//Society for economic dynamics. Meeting papers, 2016.

［68］SAMUELSON P A. An exact consumption-loan model of interest with or without the social contrivance of money ［J］. Journal of political economy, 1958, 66 (6): 467-482.

［69］BARR N. Economic theory and the welfare state ［M］. Northampton, MA : Edward Elgar Pub. , 2001.

［70］SCHULZ J H. The economics of aging ［M］. New York : Auburn House, 2001.

［71］SINN H W. Why a funded pension system is needed and why it is not needed ［J］. International tax and public finance, 2001, 7 (4-5): 389-410.

［72］TIRADO P, TAMIYA N. Trends and factors in Japan' s long-term care insurance system ［M］. New York : Springer, 2014.

［73］TSUTSUI T, NANKO M. Japan' s universal long-term care system reform of 2005 : containing costs and realizing a vision ［J］. Journal of American geriatrics society, 2007, 55 : 1458-1463.

［74］WANG Q, YI Z, DING X, et al. Demand for long-term care insurance in China ［J］. International journal of environmental research and public health, 2018, 15（1）: 6.

［75］WITTENBERG R, SANDHU B, KNAPP M. Funding long-term care : the private and public options［M］// MOSSIALOS E, FIGUERAS J, DIXON A. Funding health care : options in Europe. Buckingham : Open University Press, 2002 : 226-248.

［76］XU X, ZHANG L, CHEN L, et al. Does COVID-2019 have an impact on the purchase intention of commercial long-term care insurance among the elderly in China?［J］. Healthcare, 2020, 8（2）: 126.

［77］YE H S, WANG W C, CHOU H C, et al. Private long-term care insurance decision : the role of income, risk propensity, personality, and life experience ［J］. Healthcare, 2021, 9（1）: 102.

［78］YAMADA M, ARAI H. Long-term care system in Japan［J］. Annals of geriatric medicine and research, 2020, 24（3）: 1-7.

［79］ZENG Q, WANG Q, ZHANG L, et al. Comparison of the measurement of long-term care costs between China and other countries : a systematic review of the last decade［J］. Healthcare, 2020, 8（2）: 117.

［80］ZHANG L, FU S, FANG Y. Prediction of the number of and care costs for disabled elderly from 2020 to 2050 : a comparison between urban and rural areas in China［J］. Sustainability, 2020, 12 : 2598.

［81］ZHANG L, FU S, FANG Y. Prediction the contribution rate of long-term care insurance for the aged in China based on the balance of supply and demand ［J］. Sustainability, 2020, 12（8）: 3144.

［82］ZWEIFEL P. Innovation in long-term care insurance : joint contracts for mitigating relational moral hazard［J］. Insurance mathematics&economics,

2020, 93 : 116-124.

[83] 邓庆彪，周芳仪. 我国长期护理保险的需求影响因素分析 [J]. 保险职业学院学报，2015（2）：31-34.

[84] 丁志宏，魏海伟. 中国城市老人购买长期护理保险意愿及其影响因素 [J]. 人口研究，2016，40（6）：76-86.

[85] 杜霞，周志凯. 长期护理保险的参与意愿及其影响因素研究：基于陕西省榆林市的微观样本 [J]. 社会保障研究，2016（3）：41-50.

[86] 韩丽，胡玲. 长期护理保险待遇给付的现实困境及优化路径研究 [J]. 卫生经济研究，2020，37（7）：49-52.

[87] 文太林. 我国长期照护筹资相关研究述评 [J]. 四川理工学院学报（社会科学版），2018，33（1）：18-32.

[88] 杨馥忆. 长期护理保险定价模型研究 [D]. 杭州：浙江财经大学，2014.

[89] 左焱. 长期护理保险需求分析及制度构建研究 [D]. 贵阳：贵州财经大学，2018.

[90] 曹信邦，陈强. 中国长期护理保险需求影响因素分析 [J]. 中国人口科学，2014（4）：102-109+128.

[91] 曹信邦. 中国失能老人公共长期护理保险制度的构建 [J]. 中国行政管理，2015（7）：66-69.

[92] 曾毅. 老年人口家庭、健康与照料需求成本研究 [M]. 北京：科学出版社，2011：134-156.

[93] 陈冬梅，袁艺豪. 人口老龄化背景下我国长期护理保险需求的分析：以上海市为例 [J]. 上海大学学报（社会科学版），2015，32（6）：13-22.

[94] 陈璐. 中国长期护理成本的财政支持和公平保障 [J]. 财经研究，2013，39（5）：73-85.

［95］戴卫东，陶秀彬．青年人长期护理保险需求意愿及其影响因素分析：基于苏皖两省调查的比较研究［J］.中国卫生事业管理，2012，29（5）：353-355.

［96］戴卫东．老年长期护理需求及其影响因素分析：基于苏皖两省调查的比较研究［J］.人口研究，2011，35（4）：86-94.

［97］邓靖，黄桃，彭美华．成都市长期照护保险定点照护机构发展困境研究［J］.卫生经济研究.2020，37（6）：62-64+67.

［98］狄金华，季子力，钟涨宝．村落视野下的农民机构养老意愿研究：基于鄂、川、赣三省抽样调查的实证分析［J］.南方人口，2014，29（1）：69-80.

［99］贺小林．基于年龄移算法的多要素人口预测模型构建与运用［J］.统计与决策，2018，34（21）：23-26.

［100］贺雪峰．如何应对农村老龄化：关于建立农村互助养老的设想［J］.中国农业大学学报（社会科学版），2019，36（3）：58-65.

［101］胡宏伟，李延宇，张澜．中国老年长期护理服务需求评估与预测［J］.中国人口科学，2015（3）：79-89+127.

［102］胡宏伟，蒋浩琛．农村老年失能照护筹资侧改革：框架评估与改进方向［J］.社会保障研究，2021（1）：24-34.

［103］黄枫，吴纯杰．基于转移概率模型的老年人长期护理需求预测分析［J］.经济研究，2012，47（s2）：119-130.

［104］黄俊辉，李放，赵光．农村社会养老服务需求评估：基于江苏1051名农村老人的问卷调查［J］.中国农村观察，2014（4）：29-41+51.

［105］韩会娟．老年长期护理保险的需求与供给研究：以石家庄为例［D］.石家庄：河北经贸大学，2015.

［106］韩丽，胡玲.长期护理保险待遇给付的现实困境及优化路径研究［J］.
卫生经济研究，2020，37（7）：49-52.

［107］景跃军，李涵，李元.我国失能老人数量及其结构的定量预测分析
［J］.人口学刊，2017，39（6）：81-89.

［108］荆涛，杨舒，孟郁聪.消费者对长期护理保险的购买意愿及影响因素
分析［J］.保险职业学院学报，2016，30（1）：5-11.

［109］李强，岳书铭，毕红霞.农村失能老年人长期照护意愿及其影响因素
分析：基于山东省农村失能老年人的问卷调查［J］.农业经济问题，
2015，36（5）：30-41+110.

［110］李晓鹤，刁力.人口老龄化背景下老年失能人口动态预测［J］.统计与
决策，2019，35（10）：75-78.

［111］李新平，朱铭来.基于转移概率矩阵模型的失能老年人长期照护保险
缴费率分析：以天津市为研究对象［J］.人口与发展，2019，25（2）：
11-19.

［112］雷咸胜.中青年群体参与长期照护保险意愿的个体差异研究［J］.残疾
人研究，2020（4）：89-96.

［113］林姗姗.我国长期照护保险制度的构建与财务平衡分析［J］.福建师范
大学学报（哲学社会科学版），2013（1）：28-34.

［114］刘欢.中国长期护理社会保险制度的功能定位、价值理念与实施路径
［J］.求实，2021（1）：46-58+110-111.

［115］刘涛.德国长期护理保险制度的缘起、运行、调整与改革［J］.安徽师
范大学学报（人文社会科学版），2021，49（1）：74-86.

［116］刘文，王若颖.我国试点城市长期护理保险筹资效率研究：基于14个
试点城市的实证分析［J］.西北人口，2020，41（5）：29-45.

［117］吕鹰飞，赵馨萌.农村居民长期护理保险需求影响因素分析［J］.税务与经济，2020（4）：51-56.

［118］毛婷.基于现收现付制的我国长期护理保险费率测算［J］.新疆农垦经济，2019（5）：67-76.

［119］宋全成，孙敬华.我国建立老年人长期照护制度可行吗？［J］.经济与管理评论，2020（5）：65-75.

［120］宋占军，朱铭来.我国长期护理保险需求测算与发展战略［C］//中国保险与风险管理国际年会.中国保险与风险管理国际年会论文集.北京：清华大学出版社，2012.

［121］孙凌雪，冯广刚，米红.我国长期护理保险基金支出可持续性研究：以青岛市为例［J］.东岳论丛，2020，41（5）：52-62.

［122］孙正成.需求视角下的老年长期护理保险研究：基于浙江省17个县市的调查［J］.中国软科学，2013（11）：73-82.

［123］王敏.四川省长期护理保险制度研究［J］.卫生经济研究，2021,38（4）：21-24+27.

［124］魏华林，何玉东.中国长期护理保险市场潜力研究［J］.保险研究，2012（7）：7-15.

［125］吴海波，朱文芝，沈玉玲，等.机构护理服务供需矛盾研究：基于上饶市长期护理保险试点扩面的调查［J］.卫生经济研究，2020，37（9）：43-46.

［126］熊金才，曹琼.我国长期护理保险筹资机制研究［J］.汕头大学学报（人文社会科学版），2020，36（9）：69-75+96.

［127］杨茹侠，黄春芳，谢红.某市长期护理保险利用对象护理模式选择意愿状况及其影响因素［J］.医学与社会，2021，34（3）：94-97.

［128］杨松，王守富，黄桃，等.成都市长期护理保险服务的供需现状与思考［J］.卫生经济研究，2020，37（10）：34-36.

［129］杨宜勇，关博.老龄化背景下社会保障的"防风险"和"补短板"：国际经验和中国改革路径［J］.经济与管理研究，2017，38（6）：44-53.

［130］杨翌凌.基于财务可持续的长期护理保险制度研究：以青岛长期医疗护理保险为例［J］.市场周刊，2019（10）：185-188.

［131］杨哲，王茂福.日本医养结合养老服务的实践及对我国的启示［J］.社会保障研究，2021（1）：93-102.

［132］舒露，王群.我国长期护理保险失智老人保障政策研究［J］.卫生经济研究，2020，37（11）：7-10.

［133］原彰，李雅诗，李建国.广州市与部分试点城市的长期护理保险制度比较研究［J］.医学与社会，2021，34（3）：107-112.

［134］张晶，马勇，张晓林，等.信托制度在长期照护产业中的运用［J］.中国老年学杂志，2021，41（7）：1550-1553.

［135］张奇林，韩瑞峰.长期医疗护理保险居民参保意愿研究：来自青岛市的调查［J］.社会保障研究，2016（2）：45-53.

［136］张文娟，付敏.长期护理保险制度中老年人的失能风险和照料时间：基于 Barthel 指数的分析［J］.保险研究，2020（5）：80-93.

［137］张小凤.北京市海淀区长期护理互助保险的财务可持续性研究［J］.社会政策研究，2019（2）：35-47.

［138］张盈华.中国长期护理保险制度的可持续评价与趋势分析［J］.人口学刊，2020，42（2）：80-89.

［139］朱铭来，宋占军.未来"老护"之路的设计走向［J］.中国社会保障，2011（2）：80-81.

［140］陈明芳.福利国家的重构：以德国长期照护保险制度的建置与改革为例兼论台湾可得之借镜［J］.台大社会工作学刊，2012（25）：157-207.

后 记

　　我国人口老龄化正处于加速且高龄化的趋势，特别是加上社会结构变迁、家庭功能改变引致家庭照护功能日渐式微，老年及其他年龄组失能人口的照护需求性风险的满足已无法完全由家庭担负，亟须在统筹国家和社会资源的基础上建构稳定化且可持续的长期照护保险制度，降低照护需求者个人或家庭的经济成本和社会成本。

　　本书为作者多年来关注长期护理问题的阶段性成果。要解决长期护理问题，需要建立全面覆盖的社会长期护理保险制度，而长期护理保险制度建立的核心在于制度的可持续性和服务的可及性。因此，本书的撰写围绕社会长期护理保险制度的可持续和可及性两个维度展开。

　　本书为作者主持的福建省哲学社会科学规划项目"长期护理保险制度财务均衡内在机制及政策体系研究"（项目号：FJ2018B028）的最终研究成果，感谢福建省社会科学联合会对此项目的支持。

　　在本书的写作过程中，我的研究生陈乃一、徐超、吴藤英、杨玉玉、易田赛轩、唐琴等同学做了大量的文字校对、数据收集和实地调研工作，在此表示感谢！

　　最后，感谢武汉大学出版社的编辑们关于本书的修改提出的宝贵建议！

　　希望本书的出版能够给读者及有关研究者提供一些关于社会长期护理保险的思考。

和　红

2021 年 8 月